MARCO ⊕ POLO

MAILAND
LOMBARDEI

*Sechs Symbole sollen Ihnen
die Orientierung in diesem Führer erleichtern:*

★

für Marco Polo Tips – die besten in jeder Kategorie

für alle Objekte, bei denen Sie auch eine schöne Aussicht haben

für Plätze, wo Sie bestimmt viele Einheimische treffen

für Treffpunkte für junge Leute

(**A 1**) *Koordinaten für Übersichtskarte und Stadtplan*
(**O**) *außerhalb des Kartenausschnitts*

*Die Marco Polo Route in der Karte verbindet die schönsten Punkte
der Lombardei zu einer Idealtour.*

*Diesen Führer schrieb Roland Mischke.
Von einem Zweitwohnsitz am Luganer See erkundet
der Journalist die Lombardei.
Die Marco Polo Reihe wird herausgegeben
von Ferdinand Ranft.*

MAIRS GEOGRAPHISCHER VERLAG

MARCO ⊕ POLO

Für Ihre nächste Reise gibt es folgende Titel dieser Reihe:

Die Marco Polo Redaktion freut sich, wenn Sie ihr schreiben:
Marco Polo Redaktion, Mairs Geographischer Verlag
Postfach 31 51, D-73751 Ostfildern

Unsere Autoren haben nach bestem Wissen recherchiert. Trotzdem schleichen sich manchmal Fehler ein, für die der Verlag keine Haftung übernehmen kann.

Titelbild: Mailand/Dom (Schapowalow: Heaton)
Fotos: Anzenberger: Lehmann (24); Hartmann (13, 53, 75, 76, 82); Janfot (7);
Lade: Bav (54), Flac (4); Mauritius: Mehlig (16); Messina (35, 38, 44, 81, 88); Pasdzior (Anreise);
Santor (28, 30, 47); Schapowalow: Thiele (22, 61); Schuster: Overseas (69); Sperber (10, 19, 62);
Thomas (41); Transglobe: Elsen (56)

3., aktualisierte Auflage 1997 © Mairs Geographischer Verlag, Ostfildern
Lektorat: Nikolai Michaelis
Gestaltung: Thienhaus/Wippermann (Büro Hamburg)
Sprachführer: in Zusammenarbeit mit dem Ernst Klett Verlag für Wissen und Bildung GmbH,
Redaktion PONS Wörterbücher.

Printed in Germany
Gedruckt auf 100% chlorfrei gebleichtem Papier

INHALT

Entdecken Sie Mailand und die Lombardei!

*In Mailand lernt man europäisch denken,
in der Lombardei über Schlösser, Seen und Berge staunen*

Die lombardische Landschaft zwischen Alpen und Po-Ebene ist wie Kino: abwechslungsreich, mit rasanten Bildwechseln, voller vergessener Requisiten und kaum glaubhafter Idylle und Farben. Felder, Wälder, Wiesen endlos. Flüsse, Seen, kleine Städte und Dörfer darin verstreut. Wuchtige Berge, die in sanfte Hügel übergehen und sich in Seeufern mit üppiger Vegetation von mediterraner Pracht verlieren. Überall die Zeichen jahrtausendelanger, altehrwürdiger Zivilisation. Hier ein Kirchlein, da ein verwunschen wirkender Gasthof, dort ein Marktplatz mit berühmtem Bauwerk, später ein grasgepolsterter Wanderweg, der sich zwischen altem Baumbestand davonschlängelt. Schlösser und Burgen, verwitterte Gemäuer und freskengeschmückte Herrenhäuser. Paläste mit zweige-

schossigen Arkaden, Residenzen, durch die noch der Hauch höfischer Grandezza streicht, und immer wieder eine Piazza zum Träumen.

Die Reise durchs Land der schönsten Seen und meisten Schlösser Italiens wird unversehens zur Zeitreise. Hier atmet alles Geschichte aus, die Architekturstile von Jahrhunderten überlagern sich harmonisch, und selbst kleinere Städte stecken noch voller historischer Schätze.

Mittendrin aber, wie eine plötzliche Fata Morgana, wie ein Kulturschock, die Metropole: Mailand. Total gegenwärtig, schrecklich laut, geschäftig, weitläufig und durchbraust von einem wahrhaft infernalischen Verkehr, immer turbulent und ziemlich *duro* – Italiens heimliche, unheimliche Hauptstadt. Hier werden Trends gemacht, Zeichen gesetzt. Das Motto ist immer brachial: Mode oder Misere. Design oder nichts sein. Erfolg oder Absturz. Nirgendwo auf dem Stiefel ballen sich mehr kreative Zeitgenossen:

*Gotteshaus und Konsumtempel:
An Mailands Domplatz liegt auch
die Galleria Vittorio Emanuele*

Designer, Modeschöpfer, Werber, Medienmacher, (Lebens-)Künstler. Mailändisches Design hat die gesamte Entwicklung moderner Gebrauchsgüter weltweit beeinflußt, Mailands Modemessen werden mehr beachtet als die Laufstege in Paris und New York. Hier residieren die bedeutendsten Verlage, die größten privaten Fernsehanstalten, erscheint die angesehenste Tageszeitung Italiens. Während die eine Generation der Kreativen gerade von sich reden macht, sitzt die nächste schon in den Startlöchern. Die Kulturträger, die Italiens einzige wahre Großstadt repräsentieren – Rom oder Neapel sind Versammlungen von Dörfern –, sammeln auf ihren Streifzügen rund um den Globus in ihren Köpfen die Ideen, die sie dann in ihren perfekt gestylten, innerstädtischen Studios auswerten, aufarbeiten und zusammenfügen zu Modekollektionen, Accessoiresserien, Duftnoten und künstlerischen Werken ganz eigenen, eben des Mailänder Stils.

Sie sollten Ihre Reise auf dem Mailänder Domplatz beginnen. Stellen Sie sich mitten auf den Platz, eingekreist von vorbeistrudelnden Touristengruppen und palavernden Einheimischen, umflattert und umgurrt von Tauben und Idiomen, und schnuppern Sie Atmosphäre. Wenn Sie von diesem Standort aus Ihren Blick die Runde machen lassen, haben Sie nicht nur das Herz der Stadt im Blick, sondern zugleich die ganze Schönheit und die ganze Problematik dieser Metropole. Das kühn emporstrebende Marmorgebirge des Doms, ein Gebäudekonglomerat mit tausend spitzen Türmchen, wirkt massiv

und federleicht zugleich. Der Dom ist das Zentrum der Stadt. Seit mehr als einem halben Jahrtausend wird an ihm gebaut und restauriert, das italienische Form- und Raumgefühl hat sich mit diesem mächtigen Bauwerk grandios die Gotik anverwandelt. Nachts ist der Dom angestrahlt wie eine Theaterkulisse. Tagsüber sammelt die graurosa Tönung des Marmors das Licht und gibt es leuchtender zurück.

Das Herz Mailands ist, städtebaulich gesehen, brutal zerrissen. Die Stadt ist zu schnell gewachsen, um die Jahrhundertwende zu rasant in die Moderne katapultiert worden, und zu rasch hat man daraufhin die vorwiegend kleinteiligen Rudimente ihrer mittelalterlichen Gestaltung geschleift und auf ihnen metropolitane Merkmale errichtet. Doch der explodierenden Entwicklung war Mailand nie ganz gewachsen. Die Stadt wurde weltstädtisch wie keine andere italienische Großstadt, und doch haftet ihr etwas Kleinstädtisches an. Mailand ist vital und produktiv, aber auch gelähmt und selbstzerstörerisch. Alles ging zu schnell, verlief zu widersprüchlich, harmoniert nicht mit der Rückständigkeit des Umlands, schockiert und provoziert. Mailand: die Stadt der Schick-, Scheck- und Schockereignisse. Vor allem Italiener, denen das ungeliebte Industriezentrum im Norden mit den weit über dem Durchschnitt liegenden Einkommen beängstigend mitteleuropäisch erscheint, wie eine Schwester von Zürich, eine Cousine von Frankfurt. Das Janusköpfige Mailands ist auch im doppeldeutigen Wappen der Visconti, der mittelalterlichen

Zwei Jahre lang der Arbeitsplatz von Leonardo: Santa Maria delle Grazie

Herren der Stadt, festgehalten: eine Schlange, aus deren Maul ein Mensch bis zur Hüfte herausragt. Verspeist sie ihn gierig, oder speit sie ihn angewidert aus?

Auch für den Besucher Mailands stellt sich die Faszination nicht gleich beim ersten Stadtgang ein. Er spürt den geschäftigen Puls der Metropole, die Modemekka ist, Medienzentrale, Gourmethochburg, politisches Zentrum, Bankenplatz, Haupthandelsort, Kunstmarkt und Vergnügungspflaster. Aber viele Straßen sind schmutzig, manche Viertel wirken wie abgehängt, und auf einigen Plätzen und Straßen herrscht die Anarchie der dritten Welt mit Bergen von Unrat und abgerissenen Gestalten dazwischen. Die Stadt ist zu laut, zu schrill, zu dissonant – mehr von New Yorker Kampf- und Überlebensbrutalität geprägt als von mediterraner Sinnlichkeit und Leichtlebigkeit. Die Metropole, die sich für die le-

bendigste Italiens hält und eindeutig Zentrum von Finanz- und Kulturwelt ist, glaubt selbstbewußt, sich auch die Wachstumsringe sozialer Verwahrlosung leisten zu können.

»Italien ohne Sizilien macht kein Bild in der Seele«, hat Goethe festgestellt. Wenn Sizilien die Seele Italiens ist, dann ist Mailand der Kopf. Als mehr kopf- und weniger herzbestimmte Stadt, deren Rhythmus Getriebenheit ist – ein forscher, militärisch anmutender Marschschritt bei männlichen, ein hurtig stöckelnder Stakkatoschritt bei weiblichen Bewohnern –, erscheint Mailand auf den ersten Blick nicht als einladende Metropole. Dieses Schicksal teilt sie übrigens mit den meisten norditalienischen Großstädten, mit Genua, Turin, Bologna, Triest und Trient. Für viele Italienreisende war Mailand nur Durchgangsstation. Über die Stadt, die

7

als Mediolanum, Ort der Mitte, schon vor der Zeitenwende ein Schnittpunkt wichtiger Handels- und Verkehrswege war, ist viel weniger geschrieben worden als über andere italienische Zentren, und was es an Mailand-Literatur gibt, ist – im Vergleich etwa zu Florenz – gering.

Nur: Seltsam muten die Gesetze an, nach denen eine Stadt zur Touristenattraktion erhoben wird, so daß man sie wegen Überfüllung fast schließen muß – wie Verona oder Siena –, während eine andere – eben Mailand – nicht nur ebensoviel, sondern alles in allem mehr zu bieten hat, aber auf der Rangliste touristischer Traumziele nicht im oberen Drittel rangiert. Mailand mangelt es weder an Sehenswürdigkeiten noch an historischer Substanz, und seine pittoreske Vielfalt, die stillen Winkel, die Tupfer Grün und die Parks stehen dem Angebot anderer europäischer Metropolen keineswegs nach. Keine andere Stadt in Italien hat eine ähnlich große Aufbauleistung vollbracht wie Mailand, dessen Zentrum durch die Bombenfracht der Alliierten 1943 nahezu ausgelöscht worden war. Fast alle historischen Bauten sind originalgetreu restauriert worden, Kirchen ebenso wie Paläste aus der Renaissance und dem Barock (als Mailand unter spanischer und österreichischer Herrschaft war), mittelalterliche Wehranlagen und Tore aus dem Klassizismus, Gebäude und Passagen aus der Jugendstilepoche. Kaum irgendwo in Europa kann man so vielfältig einkaufen, sich auf Schritt und Tritt mit Kunst und Design auseinandersetzen, Kultur-Highlights erleben und vergnügen

jeder Art genießen. 1994 hat das unabhängige italienische Wirtschaftsmagazin »Il sole 24 ore« eine Rangliste heimatlicher Orte mit der besten Lebensqualität ermittelt. Bei der Bewertung waren Faktoren wie Freizeitangebote, Umweltbedingungen, Kriminalität und medizinische Versorgung Grundlage. Auf den ersten 19 Plätzen dieser Liste finden sich nur kleine bis mittelgroße Orte. Als erste Großstadt folgt Mailand auf Platz 20, noch vor Florenz an 30. und Rom an 33. Stelle.

Mailand ist die ideale Stadt für den Besucher, der das Erlebnis eines fremden Ortes im unbegrenzten Stadtlaufen sucht. Für diesen Besucher geizt Mailand nicht mit Reizen und Überraschungen, während es dem Durchreisenden schnöde und mondän die kalte Schulter zeigt. Man muß in der Stille des Vorhofs einer romanischen Basilika gesessen haben, durch die klassizistischen Parkanlagen geschlendert sein und an den *navigli,* den Kanälen, nachts das Spiel des Mondlichts im sanft gekräuselten Wasser verfolgt haben. In der Millionenstadt gibt es ein enormes Potential an versteckter Schönheit zu erkunden. Die Stadt ist für Flaneure gebaut, für neugierige Fußgänger ohne allzu enges Zeitlimit, die in Winkel gelangen, in die kein Sightseeing-Bus paßt. Sie werden ein Mailand erleben, das so wirkt wie ein raffiniert gemachtes Bilderbuch, das beim Umblättern eine sich dramatisch steigernde Vielfalt zeigt.

Wie könnte es auch anders sein bei einer Stadt, die sich über 50 Kinos und 45 Bühnenhäuser für Theater, Musik und Kabarett leistet, die besten und teuersten Restaurants des Landes mit einer der größten Fußgängerzonen Europas zwischen dem Sforza-Schloß und der Piazza San Babila (1,5 km) und mit den Einkaufsgassen um die Via Monte Napoleone herum das vielleicht schickste Modezentrum der Welt. Die im gemütlichen Breraviertel eine Kunstakademie besitzt, die zu den führenden ihrer Art gehört, eine Pinakothek, die zum bedeutendsten Museum für moderne italienische Kunst avancierte, die Künstler und Kunstgalerien als selbstverständlichen Teil des urbanen Lebens betrachtet und Italiens bekannteste Architekten beherbergt. Wo die Modezaren ihre Adressen haben. Wo es mit dem Viertel um die *navigli,* die Wasserstraßen, und dem gemütlichen Brera Greenwich Village und Soho auf einmal gibt.

Die Stadt, die so abweisend sein kann, offenbart sich dem sensiblen Spaziergänger auf geradezu intime Weise – gleich hinter der lebhaften Kreuzung Via Carducci/Via San Vittore, keine zehn Minuten vom Domplatz entfernt. Im Viertel Sant'Ambrogio ist die Seele Mailands konserviert, so wie der heilige Bischof Ambrosius, der ihm seinen Namen gab. In der Krypta der Basilika im kargen, romanischen Stil, in der der *santo,* der Heilige, vor 1600 Jahren predigte, liegt er aufgebahrt unter dickem Kristallglas. Sant'Ambroeus, wie er im Dialekt genannt wird, ist Mailands Schutzheiliger. Besonders der Verliebten, die sich, der Tradition gemäß, hier gern trauen lassen.

Sant'Ambrogio repräsentiert in konzentrierter Form die gesamte calvinistische Leistungsethik der Lombardei. Nirgendwo ist Mailand mehr *milanese* als hier. Nirgendwo ist Italien weniger italienisch. Südländische Grandezza und Melodramatik sind in den Gassen nicht anzutreffen. Wer hier wohnt, verhält sich diskret, und wenn er vermögend ist, und das sind hier viele, stellt er das nicht zur Schau. Das gepflegte Sant'Ambrogio erinnert an das schweizerische Lugano, während Neapel auf einem anderen Planeten zu liegen scheint. Hier geht es gediegen zu, stilvoll, ein bißchen gravitätisch. Euphorische Ausrufe wie »Bellissimo!« bekommt man kaum zu hören. Hier sind die reichsten Italiener, die elegantesten Frauen und die letzten unverwüstlichen Aristokraten in stattlicher Anzahl leibhaftig zu besichtigen. Hier wird man keine hektischen Zeitgenossen sehen, die abgehackte Sätze in ein zusammenklappbares *telefonino* brüllen. Dafür distinguierte Herren im tadellosen Zweireiher und ganz junge Mädchen, die mit ihren Kaschmirstrickjäckchen, bis über die Knie reichenden Röcken und viereckigen Handtaschen am Arm klassisch ausstaffiert sind. Im Schatten der Kauf- und Geschäftshäuser, in denen Touristen aus aller Welt dem Konsumrausch verfallen und zufriedene Manager sich über ansehnlichen Bilanzen die Hände reiben, residieren vornehme Grafen, Bankiers und Fabrikanten in prachtvollen lombardischen Palazzi und Bürgerhäusern aus der Jahrhundertwende, deren Fassaden lediglich vom allgegenwärtigen Mailänder Smog verdunkelt worden sind. Das Straßenpflaster ist aus mächtigen, rotschwarzen

In jeder Lebenslage eine »bella figura« zu machen ist oberstes Gebot in Mailand – die zwei Herren machen's vor

scheinen, geben sie sich klassenbewußt und zerdrücken das »r« ganz leicht auf der Zungenspitze, um es herunterzuschlucken. Das gilt in den höheren Kreisen Norditaliens als vornehm.

Während sich Mailand in seinem Zentrum, vor allem im Goldenen Dreieck, wo alle großen und ehrgeizigen Markennamen der Welt mit meisterlichen Schaufensterdekorationen Flagge zeigen, schamlos neureich, versnobt und exaltiert gibt, geht es hier, nur zwei Kilometer von den Shopping- und Gourmettempeln der Schickeria entfernt, solide, konventionell, ja streng zu. Es gilt nur der Name, kein Label, es geht nur um das Ansehen, nie um den Zeitgeist. *Fare bella figura,* eine gute Figur machen – das ist hier Alltagskorsett, Existenzberechtigung.

Natürlich keimen hinter den properen, teilweise auch verwitterten Fassaden von Sant'Ambrogio die Begierden genauso wie anderswo in Mailand. Doch nichts davon dringt nach außen. Und von draußen kommt, offiziell jedenfalls, kaum etwas hinein in die Welt von gestern, die bei den mit Stilmöbeln ausgestatteten Pförtnerlogen beginnt. Das chaotische Italien mit Mafia, Parteienverdrossenheit und wirtschaftlichem Niedergang hat kein Zutrittsrecht. Kreuzgänge durchweht die meditative Stille des Mittelalters, Mahagonifahrstühle im Jugendstil wetteifern mit Deckenfresken aus mittelalterlicher Zeit. Die Palazzi sind erleuchtet von Kristallüstern, bestückt mit Bronzeskulpturen und erfüllt vom Geruch der knisternden Holzscheite in breiten Marmorkaminen. Das

Steinbrocken zusammengefügt, und durch schmiedeeiserne Gitter und Panzerglas lugt der Müßiggänger in gepflasterte Innenhöfe voller Renaissancestatuen und in dichtbewachsene Gärten. Die Infrastruktur des Viertels, dessen Immobilienpreise in astronomischen Höhen liegen, ist ganz auf die exklusiven Bedürfnisse der überwiegend Alteingesessenen zugeschnitten. Patisserien, die aussehen wie Bonbonnieren, ein Hundesalon mit hellblauen Kacheln, Antiquitätengeschäfte voll wunderschön restaurierten Mobiliars zu fast unerschwinglichen Preisen, die *drogheria,* in der es nach Pastetchen, Hummer und eingelegten Trüffeln duftet. Die Herrschaften schicken vormittags Heerscharen somalischer Haushälterinnen zum Einkauf, und wenn sie einmal selbst er-

Mailänder Geld arbeitet durchaus sehr neuzeitlich und vermutlich höchst effizient als Beteiligung an Versicherungsgesellschaften, Banken, Ländereien und Immobilien, zeigt sich aber in Sant'Ambrogio in zeitlosen Werten und fast panischer Scheu vor neureichem Protzgehabe.

Sant'Ambrogio ist nicht Mailand, sondern nur der kleine und feine Teil dieser turbulenten Großstadt. Doch ohne dieses Viertel ist Mailand nicht zu verstehen. Hier ist es auf die Spitze getrieben, das kokette Spiel, das diese Stadt mit ihren Besuchern treibt. Sie deutet nur an. Der Stadtläufer ahnt, daß sich hinter oft schmucklosen Mauern mehr verbirgt, als von außen zu sehen ist. Er wird entzückt sein, wenn ihm hier und da Einblicke gewährt werden, die ihm das Wesen dieser Stadt, das lombardische Wesen, wie mit einem Schlag deutlich machen. *Benvenuti a Milano.*

Die schrecklichen Zeiten, die Italien, von Wirtschaftskrise und Unglaubwürdigkeit der Politik gebeutelt, gerade durchmacht, haben auch in Mailand Spuren hinterlassen. Die stolzen und rechtschaffenen Lombarden sind einfach stinksauer über den ständigen römischen Pfusch, der Schindluder treibt mit ihren Steuergeldern. Zwar hat die Stadt stets den Blick vom zentralistischen Rom abgewendet und als Metropole ein Selbstbewußtsein entwickelt, das in dem festen Glauben gründet, europäischer Vorreiter zu sein. Doch das Selbstbewußtsein ist angeschlagen, nachdem lokale Macher und Parteifunktionäre mit Handschellen und gebrochenen Stim-

men vor Gericht erschütternde Bekenntnisse ablegten und täglich neue Hiobsbotschaften über die Verstrickung von Teilen des mailändischen Unternehmertums mit dunklen Kreisen die Gesellschaft in Aufregung versetzen. Schwarze Schafe in den eigenen Reihen – kein Skandal im skandalträchtigen Rom kann diese Schande aufwiegen. Die *meneghini,* die selbstbewußten Ureinwohner, reagieren auf einzig angemessene Weise: Die Portale bleiben künftig vor dem undurchsichtigen Reichtum verschlossen, ein puristischer Trend zur Ehrenhaftigkeit hat sich ausgebreitet. Die stolzen Lombarden zeigen sich entschlossener denn je als Italiens Preußen und Schwaben zugleich: Disziplin, Fleiß und Sparsamkeit sind Koordinaten ihres Handelns.

Das ist eine Leistung, denn das viele Geld der siebziger und achtziger Jahre war selbst für Mailand zuviel. Die Stadt machte Anstalten, den *tangenti,* den Schmiergeldern, auf den Leim zu gehen. Die Invasion der Stylisten, die straßenweit die Stadthäuser des bankrotten oder minderbemittelten Industriebürgertums aufkauften, sie bombastisch aufschminkten und mit neoklassizistischem und ultramodernem Mobiliar vollstellten, rauschende Feste veranstalteten und dabei einer exhibitionistischen Mittelschicht Gelegenheit gaben, ihr Vermögen demonstrativ zur Schau zu stellen, verdarb zunehmend die Stimmung in der Stadt. Zweifelhafte Geschäftsleute, reiche Industrielle und superreiche Finanziers tummelten sich mit bedeutenden Kunstkritikern und einflußreichen Verlegern im

Kreise ansehnlicher Fotomodelle, Parvenus und überkandidelter Modejournalistinnen. Tags darauf waren die Zeitungen voller Tratsch, und genau das war es, was die wahren Mailänder schließlich wieder zwischen Sein und Schein unterscheiden ließ. Nach wie vor gibt es in dieser Stadt keine größere Sünde als jene der Angeberei. Der Mailänder hält sich bedeckt, seine Haltung gegenüber Fremden ist freundlich, aber grundsätzlich reserviert. Er weiß die Annehmlichkeiten eines pekuniär gut abgepufferten Lebens durchaus zu schätzen, fährt jedoch einen wenig auffälligen Mittelklassewagen und versteckt seine Yacht in der Karibik, anstatt sie im Ligurischen Meer dümpeln zu lassen. Sich in der Zeitung gedruckt zu sehen, das ist das letzte, was er will. Und den ehrenwerten Namen in Verbindung gebracht zu sehen mit Mafia und Korruption, das ist das Schlimmste, was dem Mailänder widerfahren kann. Denn noch mehr als um eine gute Figur ist er bemüht, keine schlechte zu machen.

Die Zeit des kollektiven Traumas geht jedoch zu Ende, die politische Wende in Italien wurde nicht zufällig in der lombardischen Hauptstadt eingeleitet. Sie setzte 1992 mit der Aktion *mani pulite* (saubere Hände) ein, als Mailänder Ermittlungsrichter schonungslos das dichte Netz von Korruption aufdeckten, in dem Politiker und Wirtschaftsführer miteinander verstrickt waren. Parteiführer und Minister mußten ihre Ämter aufgeben, ein Machtkartell stürzte nach fast fünf Jahrzehnten zusammen. Das Mailänder Großreinemachen führte dazu, daß Italiens Erste Republik in Trümmer fiel und Parteien wie die Christdemokraten, die den meisten Italienern als gottgegeben galten, sich auflösten. Auf den Trümmern des Zusammenbruchs, verbunden mit gigantischen Staatsschulden, hoher Arbeitslosigkeit, dem Kursverfall der Lira und großen Ängsten im Land, wird nun versucht, eine neue Republik aufzubauen, ein neues Italien mit Anschluß an Europa.

Doch typisch Mailand: Die Initiative zum spektakulären politischen Umsturz mit weitreichenden sozialen Folgen für das ganze Land ging von hier aus, doch jetzt, nachdem es im großen und ganzen vollbracht ist und den einst allmächtigen Parteichefs in Mailand der Prozeß gemacht wird, wenden sich die anständigen Lombarden schon wieder von der Politik ab. Die individualistischen Mailänder mit ihrer ausgeprägten Liebe zur Privatinitiative verbindet die Abscheu vor dem Staat. Zwar haben sie ihn jetzt wieder halbwegs in Ordnung gebracht – aber das war's dann.

Merke: Mailand ist eine aristokratische Stadt, die sich viel auf ihre großbürgerlichen Tugenden zugute hält. Trotz ihrer Verschlossenheit gilt der Satz von Stendhal, dem großen französischen Schriftsteller des 18. Jahrhunderts: »Milano è la città dove s'impara a pensare europeo« – Mailand ist die Stadt, in der man lernt, europäisch zu denken.

Dazu paßt das Umland, die Lombardei. Ist Mailand ein Kondensat der Moderne und kulturell aufgeschlossen, zeigt die Lombardei viele Gesichter. Hier haben die Mailänder im Naherholungsradius alles, was sie brauchen, wenn ihnen die stickige Stadt die Luft nimmt. Die Valtellina an der Grenze zur Schweiz ist völlig alpenländisch geprägt, auch im oberitalienischen Seengebiet mit den Provinzen Como, Varese, Bergamo und Brescia setzen die Gebirge schroffe Akzente, während es an den Seeufern bereits üppig sprießt. Südlich dieser Provinzen erstrecken sich weite Hügellandschaften wie die Brianza unterhalb von Como mit meist sattgrünen Flußtälern. Der Westen der Lombardei gehört zum Ticino-Tal und die Mitte zum Adda-Tal. Landschaftliches Einerlei gibt es nirgendwo in der Region, die von recht unterschiedlichen geographischen Markierungen begrenzt ist: von den nördlichen Alpenbergen, dem Lago Maggiore und dem Fluß Ticino im Westen, den Apenninhöhen und dem Po samt seiner Ebene im Süden und dem Gardasee im Osten. Liebliche Landschaften wechseln mit rauhen Bergzonen. Wunderschön modellierte Täler laden zu Wanderungen und steil aufragende Berge, darunter der größte Gletscher Italiens, der Ghiacciaio dei Forni, zu Besteigungen und zum Wintersport ein. Die merkwürdig länglichen oberitalienischen Seen wiederum, die ihre Form großen Eiszeitgletschern verdanken, locken mit einem ausgesprochen milden Klima, so daß, vor allem am Lago Maggiore, Vegetation und Stimmung südlich anmuten. Licht und Wärme wirken atmosphärisch hell und heiter und ziehen Menschen seit Jahrhunderten in den Bann dieser leuchtenden Gewässer. Das ist uraltes Kulturland. Dante fand hier seine Beatrice, Franz Liszt komponierte in einem Teehaus, und selbst Konrad Adenauer spielte am Comer See Boccia.

Den Unterschied zwischen dem Industriezentrum Mailand und der Lombardei zeigt der Nebel. Über der Metropole liegt

Die Renaissancestadt Sabbioneta war Ideal der Stadtplaner – im 16. Jh.

er hauptsächlich im Herbst als grauer Smog, ein ärgerlicher Steinfraß an Palastportalen und Kirchenstatuen, während er auf dem Land aus Flußauen dampft und Bauernhöfe und Dörfer wie in einen Wattemantel hüllt. Dieser Nebel ist in Mailand lästig, der lombardischen Erde aber gibt er Feuchtigkeit und fruchtbare Schwere. Das Gras ist hier grüner als anderswo, das Korn steht in voller Pracht auf den Feldern, und die lombardischen Pappeln sind Weltmeister im Wachsen und bereichern bereits nach 15 Jahren, in die Höhe geschnellt, mit breitem Stamm und dichtem Astwerk, die Holzproduktion des Landes. Dieser Umstand sorgt dafür, daß die Lombardei trotz der Industrialisierung ein Agrarland geblieben ist. Selbst die weltstädtischen Mailänder zeigen mit ihrem nüchternen, pragmatischen Handeln, daß sie ihre bäuerlichen Wurzeln nicht verleugnen können. Und es verrät viel über die Großstädter, daß sie im Wochenendrausch und in den Ferien nur ein Ziel haben: raus aus der Stadt.

Im gebirgigen Norden, etwa in der kargen Valtellina, gedeihen auf handtuchbreiten, den Bergen abgerungenen Terrassen süffige Weine, während sich im Süden, in der Po-Ebene zwischen Cremona und Mantua, Pappeln in endloser Reihe im Wind wiegen und auf überdimensionierten Feldern Getreide und Reis reifen. In ihren Dörfern und Städten ist die Lombardei vollkommen Provinz, im besten Sinn des Wortes – als Heimat, als auf den Menschen bezogener Raum, der übersichtlich ist und Geborgenheit schenkt. Kopfsteingepfla-

sterte Plätze, schmale Gassen, alte Zypressenalleen, verwunschene Parks hinter schmiedeeisernen Barockgittern, verwitterte Straßenlauben. Wer durch die vornehme Oberstadt Bergamos flaniert oder das noble Monza durchmißt, in Brescia die steinernen Zeugen aus Römerzeit, Mittelalter und Renaissance sieht, die alte Gelehrtenstadt Pavia besucht, im leichtlebigen Mantua das Treiben auf der Piazza beobachtet und sich im mittelalterlichen Stadtkern von Cremona der Beschaulichkeit dieses Ortes überläßt, spürt auf Schritt und Tritt die reiche kulturelle Vergangenheit der Lombardei und die Vitalität einer leistungsfähigen Handelswirtschaft.

Auch das hat Tradition. Die Kaufleute sind seit dem 12. Jahrhundert rege bemüht, ihren Besitz zu mehren, als *lombardi* wurden sie in ganz Europa ein Begriff – wovon die Lombard Street in London, die Lombardsbrücke in Hamburg und der Lombardkredit als Bankenbegriff zeugen. Bis heute wird hier der typische italienische Stil repräsentiert, der weltweit zum Synonym geworden ist für modische Phantasie, guten Geschmack und seriöse Verarbeitung.

Für die Lombardei gilt nach wie vor, was Stendhal, der den italienischen Norden so liebte, dazu veranlaßte, siebenfach zu begründen, warum er hier bleiben wollte: um klare Luft zu atmen, dem Auge großartige Landschaften zu gönnen, sich zu verlieben, schöne Bilder anzuschauen, gute Musik zu hören, großartige Kirchen zu besuchen und überall klassische Statuen um sich zu haben.

Geschichtstabelle

400 v. Chr.
Erste Besiedlung der Lombardei
durch keltische Insubrer

222 v. Chr.
Mediolanum, Stadt in der Mitte,
gerät unter römische Herrschaft

313 n. Chr.
Kaiser Konstantin erläßt das
»Mailänder Edikt«, wodurch die
Christenverfolgungen zu Ende
gehen

374
Ambrosius wird Bischof von
Mailand, das neben Rom geist-
liches Zentrum von Italien ist

452
Hunnenkönig Attila verwüstet
Mailand

539
Mailand wird im Krieg zwischen
Goten und Byzantinern
zerrieben

569
Die germanischen Langobarden
erobern die Lombardei

Ende 8. bis Mitte 10. Jh.
Machtkämpfe zwischen lom-
bardischen und karolingischen
Fürsten

1091
Oberitalienische Stadtstaaten
gründen Lombardischen Bund

1176
Sieg der Lega Lombarda
gegen die kaiserlichen Heere

12./13. Jh.
Bau des Naviglio Grande

1277
Machtübernahme der Visconti

1529
Unter Karl V. wird Mailand
Spanien zugeschlagen

1706
Unter Kaiser Joseph I. über-
nehmen die Habsburger die
Macht in der Lombardei

1796
Napoleon erobert Mailand

1805
Napoleon krönt sich zum König
Italiens

1848
Beginn des ersten Unabhängig-
keitskrieges

1898
Generalstreik in Mailand mit
81 Toten

1922
Faschistenführer Benito Mussolini
übernimmt die Regierung

1945
Mussolini wird auf der Flucht
in die Schweiz von Partisanen
bei Como hingerichtet

1946
Abdankung des Königs Vittorio
Emanuele III nach Volksentscheid
für die Republik, Gründung der
Region Lombardei

70er Jahre
Nach zwei Gebietsreformen
erhält die Lombardei weitgehend Autonomie als Region

Von bella figura bis Wasserqualität

Notizen zu Kunst und Korruption, Klima und Kanälen

Bella figura

In der Lombardei schließt sich das direkt an die Zehn Gebote an: *fare bella figura* – nie Schwächen zeigen, immer eine gute Figur machen, sich stets von der besten Seite zeigen, nie sein Gesicht verlieren. Das gilt unerbittlich im Privat- wie im Berufsleben. Der Mailänder und noch mehr die Mailänderin weiß, was man anzieht, wie man sich gibt, worüber man mit wem redet und daß es sich einfach nicht gehört, sich bei Kellnern oder Dienstboten anzubiedern. Wenn allerdings eine Frau einen Mann in der Öffentlichkeit lächerlich macht oder zwei Geschäftspartner miteinander streiten und der eine der beiden den kürzeren zieht, wird das *brutta figura* genannt und beschädigt das Image des Unterlegenen. Ein unerträglicher Vorgang für einen stolzen Lombarden.

Bevölkerung und Geographie

Die Lombardei ist mit 23 856 qkm viertgrößte Region Italiens.

Wie die Isola Bella im Lago Maggiore zu ihrem Namen kam, bedarf keiner langwierigen Erklärung

8,9 Millionen Menschen leben in der Lombardei, von denen rund zwei Prozent Ausländer sind. 373 Einwohner teilen sich den Quadratkilometer, neben der Provinz der Hauptstadt Mailand gibt es die Provinzen Bergamo, Brescia, Como, Cremona, Lecco, Lodi, Mantua, Pavia, Sondrio und Varese. Die Fläche der kleinen und großen Seen nimmt über 1000 qkm ein, der Po strömt auf einer Länge von 110 km durch lombardisches Gebiet.

Caffè

Kaffeetrinken ist in der Lombardei – wie in ganz Italien – ein Kult, der vorwiegend in Bars zelebriert wird. Der unbekannte Gast muß wissen, was er will: *cappuccino* oder *caffè*. Beim *cappuccino* hat er die Wahl: mit oder ohne Schaum *(con o senza schiuma)*. Der *caffè* ist immer ein Espresso: *caffè macchiato* mit wenig kalter oder warmer Milch, *caffè corretto* mit einem Schuß Grappa, *caffè lungo* oder *americano* weniger stark, im Sommer *caffè freddo,* ein kalter Kaffee. Weitere Varianten sind *caffellatte* mit einem großen Schuß Milch und *latte macchiato,* Milch mit einem Schuß Kaffee.

Carroccio

Die entscheidende Schlacht fand 1176 bei Legnano im Zeichen des *carroccio* statt, als die Heere des lombardischen Bundes der *liberi comuni,* der freien Städte, den deutschen Kaiser Friedrich I. Barbarossa besiegten. Das ist im kollektiven Gedächtnis Norditaliens fest verankert. Der *carroccio* war der von Ochsen gezogene Karren, den die Truppen bei den Kriegen mitführten und auf dem der Feldpriester und das städtische Banner Platz fanden. Das rustikale Gefährt wurde dadurch zum Symbol für Freiheit und Unabhängigkeit. Heute mißbraucht vor allem die regionalistische Lega Lombarda das Symbol. Die Rede ist dann oft von *salire sul carroccio* (auf den Karren springen), womit der Anschluß an regionale Protestformationen gemeint ist.

Design

Es begann in Kellern und Hinterhöfen und ist heute der imageträchtigste »Markenartikel« der Lombardei. Interdisziplinäre Individualität und die italienische Tradition, Kunst und Handwerk nicht voneinander getrennt zu sehen, waren der Motor. Produkte des täglichen Gebrauchs, angefangen vom Stuhl über die Lampe bis zum Lichtschalter und der Kaffeemaschine, werden nirgendwo auf der Welt so formvollendet und funktionsgerecht zugleich hergestellt. Lombardisches Gebrauchsdesign ist heute in allen renommierten Einrichtungsgeschäften der Welt und sogar in Museen der modernen Kunst zu Hause. Die Designer sind hochgeschätzte Künstler: Stars wie Gae Aulenti, Ettore

Sottsass oder Matteo Thun gelten als Ikonen des guten Geschmacks, ihre Gebrauchsgegenstände als Kultobjekte. Was an Entwürfen und Produkten aus lombardischen Studios und Werkstätten kommt, wird überall als Richtschnur zeitgemäßer Alltagsästhetik angesehen. Was Cannes für die Filmwelt, ist Mailand für die Designbranche.

Klima

Die Lombardei gehört zur subkontinentalen Klimazone, durch die landschaftliche Gliederung in Ebene und Gebirge herrschen aber unterschiedliche klimatische Bedingungen. Im Hochgebirge sind die meisten Skigebiete bis März oder April schneesicher. Der Sommer ist dort warm bis heiß, der Herbst mild und die beste Zeit für ausgedehnte Gebirgswanderungen mit grandioser Fernsicht. Viele Berghänge werden bis zur Höhe von 500 m landwirtschaftlich bestellt. An den Seen ist es stets milder, die großen Wassermengen sorgen für einen kontinuierlichen Wärmeaustausch mit der Außenluft, an den Ufern wachsen Pinien, Azaleen, Oleander und sogar Olivenbäume. In der Ebene, vor allem in Po-Nähe, sind die Sommer feuchtheiß. Im Winter bringt die hohe Feuchtigkeitsmenge dichte Nebelbänke hervor. Ausgeglichener, nämlich in Sommer wie Winter überwiegend mild, ist es auf den dem Apennin vorgelagerten Hügelketten des Oltrepò Pavese und in den Moränenketten vor den Seen. Die Hänge sind in niederen Lagen bis 1000 m mit Ahorn, Linden und Eichen bewaldet, in höheren Lagen mit Nadelhölzern, aber auch mit Kastanien, die kommerziell genutzt werden. Die höher gelegenen, freien Flächen werden meist als Sommerweiden genutzt.

Medien

Italien ist ein Fernsehbabylon, das vorwiegend in Mailand gespeist wird. Die Stadt ist Standort der meisten Privatsender, die ihren Betreibern durch zahlreiche Werbeblöcke satte Einnahmen verschaffen. Vor allem Silvio Berlusconi gehört dazu, der vom Bauunternehmer zum Medienmogul und schließlich zum Ministerpräsidenten avancierte, nachdem er sich in kurzer Zeit ein einflußreiches Kanalimperium zusammengebastelt hatte, das höchste Einschaltquoten erreicht. Die Stadt versteht sich aber auch als Umschlagplatz des geschriebenen Wortes. Hier residieren renommierte Buchverlage und werden die anspruchsvollsten Tageszeitungen und Zeitschriften Italiens herausgegeben, darunter etwa der »Corriere della Sera«, »Il Giornale«, »Panorama« und »Epoca«.

Navigli

Im Mittelalter stellte in der heute wasserreichsten Region Italiens der Wassermangel ein großes Problem dar. Die Lombardei war völlig versumpft, ihre Flüsse nicht reguliert, die Malaria übertragende Stechmücke dezimierte ganze Ortschaften. Schon im 12. Jh. wurden erste Kanäle gebaut, im 15. Jh. die völlige Kanalisierung der Lombardei vollendet. Mit Hilfe des Bewässerungssystems konnten die Getreidefelder auch in Trockenzeiten mit Wasser versorgt und die Reisfelder im Frühjahr geflutet werden. Außerdem nutzte der Handel die schiffbaren Kanäle als Transportwege. Das ausgeklügelte Be- und Entwässerungssystem trug entscheidend zum enormen Reichtum der Region bei und wurde Grundstock für die wirtschaftliche Bedeutung Mailands. Vom künstlichen Wasserstraßennetz,

Ob mit Muster oder ohne: Lombardisches Design ist immer musterhaft

das Mailand einst umgab, sind nur zwei Kanäle übriggeblieben. Die meisten der von Unrat stinkenden Kanäle wurden im ersten Drittel unseres Jahrhunderts zugeschüttet. Saubergehalten werden der noch offene Naviglio Grande, der Naviglio Pavese und das sichelförmige Hafenbecken der Darsena an der Porta Ticinese, an deren Ufern die alten, bunt geformten Häuserzeilen jenen Snob-Appeal besitzen, der Künstler, Müßiggänger und Jungvolk magnetisch anzieht.

Padanien

Ein Gespenst geht um in Norditalien, das des neuen Regionalstaates Padanien. Die Lega Nord mit ihrem verbal aggressiven Gründer, Generalsekretär und Zeremonienmeister Umberto Bossi, die seit 1982 für politische Turbulenzen sorgt, will noch in den Neunzigern die neue Republik aus Italien herausbrechen. Die Sezessionsforderung wird immer massiver vorgetragen, schon steht eine Volksbefragung zur Debatte, und der Lombardei-Reisende sieht überall Schilder, auf die nachträglich der Schriftzug »Repubblica del Nord« aufgepinselt oder -geklebt wurde. Nicht nur in der Lombardei, auch im Piemont, im Veneto und in Ligurien formieren sich Unzufriedene, die den Zentralstaat, die Einwanderung aus dem Süden – hinter Florenz beginnt Afrika, heißt es – und die wachsende Macht der Mafia für die Gründe allen Übels halten. Der Kreuzzug der Protestpartei wurde vor allem durch den in den Augen der Lega-Anhänger schändlichen Steuermißbrauch ausgelöst: Der Vorwurf an Rom lautet, daß der

Norden den Großteil der Steuern erwirtschafte, die Zentrale aber davon nur einen geringen Teil in die Infrastruktur Norditaliens investiere. Ob aus der Provokation namens Padanien jemals ein staatliches Gebilde wird, ist zu bezweifeln, aber der Tourist wird überall auf die Bemühungen, aus einem Traum Wirklichkeit zu machen, stoßen.

Renaissance

Die bedeutendste spätmittelalterliche Kulturepoche (15./16. Jh.) führte heraus aus der starren metaphysischen Betrachtung des Mittelalters und zur »Wiedergeburt« (Renaissance) der Klassik der Antike mit ihren ästhetisch-menschlichen Maßstäben. Die Renaissance lehrte den Blick der Perspektive, die dem Menschen am meisten gemäße Betrachtungsweise, und setzte damit eine künstlerische Energie ohnegleichen frei. Namen ganz unterschiedlicher Künstler stehen für diesen Aufbruch: Piero della Francesca, Michelangelo, Raffael, Leonardo da Vinci, Tizian. Die Lehre vom Menschen als Zentrum des Universums erneuerte die Wissenschaft, die sich von der Bibel ab- und der Natur zuwandte, und führte die Architektur zu klaren, klassischen Proportionen. Die Lombardei besitzt besonders viele bauhistorische Zeugnisse der Renaissance.

Tangentopoli

Die Wortneuschöpfung *tangentopoli* (»Schmiergeldstadt«) wird in die lombardische Geschichtsschreibung eingehen. Daß ausgerechnet das bis dahin gegenüber dem korrupten Süden moralisch integre Mailand den Namen

Schmiergeldstadt verpaßt bekam, zeitigte eine erdbebenartige Wirkung unter den *milanesi*. Es kam heraus, daß die illegale Parteienfinanzierung über Erpressung von Schmiergeldern in ganz Italien verbreitet war. Kein Unternehmen kam an lukrative Aufträge der öffentlichen Hand, ohne mit teilweise üppigen *tangenti* hohe Staatsfunktionäre zu schmieren. Filz, Vetternwirtschaft und Korruption sind in Italien von jeher bekannt, aber das Ausmaß der heimlichen Extrazahlungen erschütterte vor allem die lombardische Bevölkerung, die bis dahin nicht geglaubt hatte, daß die eigene Region so tief in die kriminellen Machenschaften verstrickt war. Wahlreformen und eine transparente Parteienfinanzierung waren Gegenstand von Volksbegehren, die Aufarbeitung des Ungeheuerlichen läuft noch auf vollen Touren.

Verkehr

Da die lombardische Eisenbahn selten und nicht immer pünktlich fährt, sind die *autostrade* die wichtigsten Verkehrsadern. Alle benutzen sie, und es ist deshalb hauptsächlich am Wochenende kein Vergnügen, im Verkehrsstrom mitzuschwimmen, wenn alle, die dem Mailänder Smog entfliehen, oder im Sommer bei der *afa,* der schlaffmachenden Hitze, Kühlung in der Natur suchen, unterwegs sind. Besonders schlimm sind die Mailänder dran, deren Stadtväter sich rühmen, mit ihrer Altstadt das größte für den Privatverkehr gesperrte Stadtzentrum Europas geschaffen zu haben – allerdings unter einer stabilen Inversionsglocke, die ebenfalls europäischer Rekord ist.

Schuld ist neben den luftvergiftenden Tonnen von Abgasen die Topographie: Die lombardische Hauptstadt liegt in einer Ebene, die im Süden vom Apennin, im Norden und Westen von den Alpen begrenzt wird. Da weht oft wochenlang kein Hauch, der die Dunstwolke aus Industrie- und Autoabgasen zerweht. Liegen die Werte fünf Tage über der Alarmschwelle, gilt die Spielregel: ein Tag Fahrverbot für Fahrzeuge mit geraden, einer für die mit ungeraden Zahlen auf den Nummernschildern. Aber es gibt natürlich immer *furbi,* Schlaumeier, die diese Regelung zu umgehen wissen. Über 800 000 Autos rollen Tag für Tag in die Stadt. Das Verkehrsproblem hat in Mailand Tradition: Schon Ende des 17. Jhs. kam es in den engen Gassen, durch die sich 1 400 Kutschen quälten, zu katastrophalen Zuständen. Leider wird es außerhalb der Mailänder Stadtgrenzen für den Fahrzeugverkehr nicht besser: Stop-and-go-Tempo auf der Autobahn und verzweifelte Parkplatzsuche in den lombardischen Städten sind üblich.

Wasserqualität

Vor allem bei den Seen, die in die Schweiz hineinragen, hat sich in den letzten Jahren in puncto Sauberkeit sehr viel getan. Das schweizerische Tessin hat seine Ufergemeinden mit einer funktionierenden Ringkanalisation ausgestattet, wovon die lombardische Seite nicht nur profitiert, sondern auch angespornt wird. In allen Seen kann unbedenklich gebadet werden, die Wasserqualität des Gardasees ist sogar an vielen Stellen als hervorragend einzustufen.

Gut behütet und zart beseidet

Und wer's ganz ausgefallen liebt,
kauft eine Küchenleiter vom Stardesigner

Uhren und Schmuck

Mailand hat 700 Schmuckgeschäfte, in Como gibt es Schweizer Präzisionsuhren, und auch in Mantua oder Pavia sind in einige Schaufenster üppig steingeschmückte Preziosen geschichtet.

Mode

Mailand ist eine der Modemetropolen der Welt und die glanzvolle Hochburg der italienischen Haute Couture, ein sündhaft teures Pflaster der Modefreaks, für die alle Wege in die Straßen im Goldenen Dreieck führen. Mailand hat nicht nur Damen, sondern auch Herren Modisches zu bieten – für den Kopf. Die Huthauptstadt hat mehrere vorzügliche Kopfbedeckungsadressen. Como, das Seidenzentrum, bietet alle Träume in fließendem Stoff: Krawatten, Blusen, Unterwäsche. Beim Visitieren der vielen Boutiquen finden sich schnell Reisemitbringsel für den heimischen Kleiderschrank.

Kultadresse für Kauflustige: Wer in der Galleria Vittorio Emanuele einkauft, sollte Schecks dabeihaben – oder es beim Windowshopping belassen

Schuhe

Wer für seine Füße in Mailand nichts findet, muß eine ungewöhnliche Größe oder einen bizarren Geschmack haben. Es gibt Dutzende von Schuhgeschäften und Tausende Formen lederner Fußbekleidung von klassisch bis wild. In manchen tempelartigen Verkaufsräumen schneidet aber nur der Käufer gut ab, der ohnehin auf großem Fuß lebt.

Design

Von der Küchenleiter übers Besteck bis zur Schreibtischlampe – das typisch italienische Flair für Haushalt und Wohnzimmer wird in zahllosen Mailänder Geschäften offeriert.

Feinkost und Wein

Eine echte Mailänder Salami, Gorgonzola aus dem gleichnamigen Städtchen, eine Packung echter Risottoreis (Avorio oder Vialone) – zahlreiche der lukullischen Genüsse der Lombardei eignen sich gut als Mitbringsel; besonders natürlich die ausgezeichneten und zum Teil noch wenig bekannten Weine, z. B. aus der Franciacorta oder aus dem Oltrepò Pavese.

Risotti, Polenta – und Blattgold

*Aber heute »vergoldet« die lombardische Küche
ihre Gerichte mit Safran oder Ei*

Der lombardische Beitrag zur italienischen Küche sind Polenta mit Gorgonzola oder Wachteln und eine unübersehbare Fülle verschiedener Reisgerichte, der Risotti. Aus Reis wird in der Hauptstadt der *risotto milanese,* in Como der Risotto mit Fisch, in Mantua der Risotto mit Schweinefleisch und in Pavia der Risotto mit Froschschenkeln gemacht. Der *risotto milanese* verdankt seine Kreation einem Glasmaler des Mailänder Doms, der nach der Legende zur Hochzeit seiner Tochter solch prächtige Gerichte auftafeln lassen wollte, wie sie die höfische Küche servierte: dekoriert mit Blattgold. Da das zu teuer kam, wurde bei der Zubereitung des Reisgerichts Safran verwendet. Der *risotto milanese* wird in einem *soffritto* aus Butter und Zwiebeln gebraten und mit Weißwein abgelöscht. Wenn dieser aufgesaugt ist, gießt man unter ständigem Rühren in kleinen Mengen heiße Fleischbrühe zu, bis der Reis gar ist; dann werden

Ohne den caffè geht nichts in Italien – ob in der Bar nebenan oder in Mailands noblem Biffi

noch Safran und geriebener Parmesankäse daruntergemischt.

Der Streit über das berühmteste lombardische Fleischgericht, die *costoletta alla milanese,* ist zwischen Mailand und Wien immer noch nicht ausgetragen. Es geht darum, was zuerst da war: die *costoletta* oder das Wiener Schnitzel? Um diese Frage zu beantworten, wurde sogar das Wiener Staatsarchiv geöffnet, wo sich ein Schriftstück fand, in dem sich Feldmarschall Radetzky zur Lage in der Lombardei äußerte, ohne den besonderen Leckerbissen zu vergessen – das in Ei gewälzte Kalbskotelett, paniert und in Butter gebacken. Radetzky wurde angewiesen, der Hofküche das genaue Rezept zu erläutern. So kam es zum Wiener Schnitzel, das in Mailand schon lange verspeist wurde. Die wohlhabenden Lombarden waren nämlich goldversessen und ließen Wild und Fisch, sogar Brot vergolden. Wer sich den Blattgoldüberzug nicht leisten konnte, wählte das Ei als Goldersatz.

Ein originär lombardisches Gericht ist die *zuppa pavese:* eine köstlich duftende Suppe aus Brot, Ei und Brühe. Hier ist die Entstehungsgeschichte verbürgt. Am 24. Februar 1525 kam es in Pavia zur Schlacht zwischen den Truppen Karls V. und Franz' I. Der französische König hatte schlechte Karten, und außerdem knurrte sein Magen. Als er in ein Haus mit rauchendem Kamin trat, kochte dort die Bäuerin gerade ihr Süppchen und war bereit, es mit dem König zu teilen. Weil sie die Mahlzeit zu ärmlich fand, schlug sie noch zwei Eier in die Suppe und verrührte sie. Wer die Schlacht damals gewann, ist heute nicht mehr wichtig – aber die Geburtsstunde der *zuppa pavese* ging in die Chroniken ein.

Die Küche der Alpenregion ist deftig, die der südlichen Lombardei verfeinerter – aber eine Kalorienbombe. Diese lokale Küche verwendet vorwiegend Butter und Schweinefett. Damit werden breite Bandnudeln, Käse, Kartoffeln, Kohl, Spinat und anderes zubereitet. Die Polenta, hergestellt aus Maisgrieß, wird bis zu einer Stunde bei schwacher Hitze gerührt und überwiegend als Beilage zur Kalbshaxe *ossobuco* und anderen Braten gegeben. Die feinste lombardische Küche ist in Mantua zu Hause, einer von Schlemmern besonders geschätzten Gegend. Sie kreuzt das Beste aus den Küchen des Veneto und der Lombardei mit der vorzüglichen Küche der Emilia-Romagna. Statt Butter wird Olivenöl verwendet, Käse, Sahne und Schweinefleisch sind von hoher Qualität. Ausgezeichnet schmecken *tortelli con la zucca,* mit Kürbis gefüllte Tortelli, und ein Risotto mit kleinen Salami, aber auch *agnolini* oder *cappelletti,* Teighütchen mit zimtgewürzter Fleisch- und Käsefüllung in Brühe. Eine kulinarische Attraktion in der Gegend um Mantua ist der schwarze, in Rotwein geschmorte Eselsbraten zu Polenta. Die lombardische *cassoeula,* ein kräftiges Gericht mit Würstchen, Wirsing, Schweinerippchen und Speckschwarte, ist ebenso wie der deftige Eintopf *busecca,* in dem Kutteln, Ochsenschwanz, Bohnen, Karotten und Sellerie schwimmen, eine recht herzhafte Angelegenheit. Sehr wohlschmeckend ist *bollito misto,* gekochte Stücke vom Rind oder Kalb.

Seitdem um die Jahrhundertwende mit den Einwanderungswellen aus dem Süden die süditalienische Gastronomie mit ihren Teigwaren den reisessenden Norden eroberte, hütet die Küche der Lombardei ihre Traditionen. In Mailand erwartet den Besucher das reichhaltigste gastronomische Angebot Italiens.

Die bekanntesten Weinanbaugebiete der Lombardei sind die Valtellina (Veltlin) um Sondrio, die Franciacorta in der Provinz Brescia und das Oltrepò Pavese in der Provinz Pavia. Die häufigsten Weißweinsorten sind Muskat und Riesling. Aus der Provinz Bergamo im Voralpengebiet stammen der rote und der weiße Valcalepio, trockene Weine mit starkem Bukett. Die Lombardei hat sich auch als Schaumweinregion einen Namen gemacht, und auch ein famoser Roter, der Maurizio Zanella, stammt von hier.

Außerdem werden in der Lombardei mehr als 30 verschiedene Mineralwässer abgefüllt. Eine Untersuchung hat ergeben, daß das klarste Mineralwasser aus einer Thermalquelle im Städtchen San Pellegrino in der Provinz Bergamo stammt.

Historische Kostüme und ultima moda

Dazu ein Bummel durch die Welt von gestern –
und Anstehen für die Scala

OFFIZIELLE FEIERTAGE

1. Januar *(Capodanno)*; 6. Januar *(Epifania)*; Ostersonntag und -montag *(Pasqua)*; 25. April *(Liberazione,* Jahrestag der Befreiung vom Faschismus*)*; 1. Mai *(Festa del Lavoro)*; 15. August *(Ferragosto)*; 1. November *(Ognissanti)*; 8. Dezember *(Immacolata Concezione)*; 25. Dezember *(Natale)*; 26. Dezember *(Santo Stefano)*.

VOLKSFESTE UND FESTIVALS

Karnevalszeit

Der *carnevale* wird den ganzen Februar gefeiert, aber Jubel, Trubel und Heiterkeit eskalieren zwischen Aschermittwoch und darauffolgendem Samstag.

März/April

Immer in diesen beiden Monaten und im Oktober/November wird in der Kirche S. Maurizio in Mailand ein ★ *Konzertzyklus* für Alte Musik auf Orgeln und anderen Instrumenten gegeben. Der Andrang ist groß, die Atmosphäre großartig. Die ehemalige Benediktinerkirche von 1503 ist vollständig mit Fresken ausgeschmückt, was den musikali-

schen Genuß erhöht. *S. Maurizio, Corso Magenta 15, Mailand, Auskunft 02/80 96 62*

Seit 1963 findet in der Via Bagutta von Mailand an zwei Tagen im April ein *Kunstmarkt* unter freiem Himmel statt: *Mostra di Pittura d'Arte al Cielo Aperto.* Er zieht über 200 000 Besucher an. *Auskunft Tel. 02/80 96 62*

Mai

In Legnano kommt es am letzten Maisonntag zur ★ *Sagra del Carroccio,* einem Umzug in historischen Kostümen, bei dem der alte Ochsenkarren mitgeführt wird, der dem Fest seinen Namen gab.

Juni

Am ersten Sonntag wird in Mailand das *Festivale dei Navigli* gefeiert, zu dem Einheimische und ihre Gäste an die Kanäle im Ticino-Viertel pilgern, um sich an Wasserspielen und Schwimmwettkämpfen zu erfreuen.

In der Johannisnacht am 24. Juni wird auf der Isola Comacina und auf dem Lago di Como mit einer wunderschön beleuchteten Bootsprozession ein spektakuläres *Lichterfest* veranstaltet.

Wer hier hineinmöchte, muß geduldig sein – oder Opernsänger: die Scala

MARCO POLO TIPS FÜR FESTE

1 **Orgelmusik in S. Maurizio**
Die Königin der Instrumente ertönt im schönsten Kirchenraum Mailands (Seite 27)

2 **Mercatone dell'Antiquariato**
Bummel durch die Gebrauchsgüterwelt von gestern (Seite 29)

3 **Sagra del Carroccio in Legnano**
Stolze lombardische Historienpracht als Fest fürs Auge (Seite 27)

4 **Settimane Musicali di Stresa**
Klassische Musik auf der Insel vor Stresa im Lago Maggiore und in den Gärten (Seite 29)

Juli
Ein Geheimtip: In den wunderbaren Innenhöfen von Mailand finden *Klassikkonzerte* statt. *Auskunft Tel. 02/80 96 62*

September
Ende August bis Mitte September finden in Stresa die ★ *Settimane Musicali* statt, ein Festival der klassischen Musik. Internationale Orchester musizieren im Palazzo Borromeo auf der Isola Bella, im Kongreßpalast in Stresa und in den Giardini Borromei. *Auskunft Tel. 0323/310 95, Fax 325 61*

Dezember
Die *Festa di S. Ambrogio* in Mailand zu Ehren des Stadtpatrons beginnt am 7. mit frommen Messen, setzt sich fort in prunkvollen Prozessionen und geht allmählich über in ein sehr geschäftiges Markttreiben. Auf der Piazza S. Ambrogio findet an diesem Tag ein gehobener Trödelmarkt statt. Ebenfalls am 7. beginnt in der Mailänder Scala die *Opernsaison.* Wer in den berühmtesten Operntempel der Welt Einlaß begehrt, muß sich sehr früh und mit viel Glück um eine Karte bemüht haben oder bei den *bagarini,* den Schwarzhändlern, eine horrende Summe zahlen. Für einen Spontanbesuch braucht es Stehvermögen. Jeden Abend bildet sich die Warteschlange für Stehplätze, vor der ein gewisser Gianni auf und ab patrouilliert, der nach seinem ganz eigenen System etwa 200 Stehplatzkarten verteilt. Pro Karte nimmt er umgerechnet 15 Mark, und er verdient daran keine Lira. Gianni gehört zu den Passionierten, die so oft als möglich im Glückstaumel der Stimmen und Klänge versinken möchten, und er gönnt dasselbe vor allem denen, die tapfer und geduldig ausharren, bis er sie gnädig bedenkt.

Ganzjährig
An den Ufern der *navigli* findet am letzten Sonntag eines jeden Monats – außer Juli und August – der ★ *Mercatone dell'Antiquariato* statt, ein Durcheinander von angestoßenen Untertassen, Gläsern mit verwaschenem Goldrand, auf antik getrimmten Messingleuchtern, Häkelstolen, altem Modeschmuck und Büchern voller Eselsohren.

Die verkannten Schönen

*Lebhafte Altstädte und eine bergige Landschaft
warten auf ihre Entdeckung*

Bergamo teilt das Schicksal, schön und wertvoll, aber unerkannt zu sein, mit vielen Städten des lombardischen Nordens zwischen Ebene und Voralpen. Sie erwecken mit ihren oft häßlichen Industrievororten bei Vorbeifahrenden keine Anziehung und

Santa Maria Maggiore ist ebenso verschachtelt – und sehenswert – wie Bergamos ganze Oberstadt

bleiben sich weitgehend selbst überlassen. Für die Geschichte der Lombardei aber sind sie von großer Bedeutung, und trotz ihrer alpenländischen Prägung zeigen sie sich schon mit der ganzen Verheißung des Südens.

Brescia, zweitgrößte Stadt der Lombardei, hat es mit seinem abweisenden Industriegürtel noch schwerer als die anderen verschmähten nordlombardischen Schönen. Doch auch diese Stadt

---

Hotel- und Restaurantpreise

Hotels	**Restaurants**
Kategorie 1: ab 250 000 Lit	*Kategorie 1:* ab 80 000 Lit
Kategorie 2: 175 000 bis 250 000 Lit	*Kategorie 2:* 50 000 bis 80 000 Lit
Kategorie 3: bis 175 000 Lit	*Kategorie 3:* bis 50 000 Lit

Die Preise gelten für ein Doppelzimmer mit Frühstück. Ist kein Frühstück dabei: macht nichts. Gehen Sie wie die Italiener in die Bar!

Die Preise gelten für ein durchschnittliches Menü (meistens drei Gänge) mit einem halben Liter offenem Wein pro Person.

Wichtige Abkürzungen

Lit	Lire	**P.**	Piazza
S.	San / Sant(a) / Sant(o)	**V.**	Via

MARCO POLO TIPS FÜR BERGAMO UND DEN NORDOSTEN

1 Piazza Vecchia in Bergamo
Schönster kleinstädtischer Platz Norditaliens, immer sympathisch belebt (Seite 32 und 33)

2 Lago d'Iseo
Im See liegt Monte Isola, Italiens größte bewaldete Insel (Seite 40)

3 Rotonda in Brescia
Romanische Rundkirche mit Fußbodenmosaiken aus frühchristlicher Zeit (Seite 37)

4 Rocca Scaligera in Sirmione am Gardasee
Ein Traum von einer Wasserburg (Seite 42)

besitzt ein historisches Zentrum mit erlesenen Schätzen der Baukultur und den eindrucksvollsten antiken Zeugnissen Norditaliens.

Der Gardasee schließlich, zur Hälfte lombardisch, ist Italiens größter und an Kontrasten reichster See. Im Nordteil fjordartig, von Bergen bedrängt und steifen Winden durchweht, was Surfer und Segler anlockt. Im Südteil breit wie ein Meer mit kristallblauem Wasser, bis zu 350 m tief und noch heute – als einziger oberitalienischer See – Trinkwasserreservoir. Schon lange ist der Gardasee das Lieblingsziel deutscher Touristen, doch die Venezianer, die hier lange das Sagen hatten, machten der Gegend das schönste Kompliment, als sie von der *magnifica patria,* der herrlichen Heimat, schwärmten.

BERGAMO

(**E 4**) Man denkt, in eine Theateraufführung hineingeplatzt zu sein. Die Via Gombito ist der Orchestergraben, dahinter steigt leicht der trapezförmige Platz an, und auf ihm treten einheimische Akteure auf: kleines Welttheater, keine große Oper. Hier führt der Alltag Regie, und alltägliche Freuden und Probleme sind das Thema. Die ★ ✪ ‡ Piazza Vecchia in Bergamo (125 000 Ew.) bildet seit fünf Jahrhunderten die Kulisse für Dramolette gewöhnlicher Leute. Sie grüßen einander, schwadronieren, lachen, scherzen, und dazwischen murmelt unentwegt der – kürzlich toprestaurierte – Löwenbrunnen. Der schönste Platz von Bergamo Alta ist kein Touristenghetto. In das Überlaufbecken der Piazza Vecchia ergießt sich quirlig der Strom Ansässiger, die hier ihren *corso* mit dem endlosen Spiel vom Sehen und Gesehenwerden für ein Schwätzchen unterbrechen. Abends, wenn die Piazza in feierliches Licht getaucht ist und nach zehn Uhr die 180 Glockenschläge verhallt sind, die einst die Sperrstunde ankündigten, geht es erst recht aufgeräumt zu auf diesem wegen seiner geringen Größe lebendigen, ja intimen Platz. Die Bewohner der nordlombardischen Stadt verströmen südländische Heiterkeit, die es dem Zugereisten leichtmacht, sich in der *città alta,* der Oberstadt, einem Schatzkästchen der Renaissance, wohl zu fühlen. Die historische Oberstadt, ein Labyrinth enger Gassen und schulterschmaler Gänge auf einem grünen Hügel über dem Serio-Fluß, ist Bergamos Keimzelle. Während sich die Unterstadt mit ihrem stickigen Häusermeer wenig einladend zeigt, ist die für den Autoverkehr gesperrte Oberstadt eine Besteigung wert.

BESICHTIGUNGEN

Città alta

Fußmüde befördert eine Standseilbahn ins autofreie *centro storico* hinauf, doch das Ersteigen des 370 m hohen Hügels über alte Pflastergassen, von Bars, *pasticcerie* und Boutiquen gesäumt, ist eindrucksvoller. Im Mittelalter erklommen die Venezianer den Hügel, denen es in der kühlenden Bergluft so gut gefiel, daß sie sich hinter Festungsmauern niederließen. Für Stendhal war Bergamo der »hübscheste Ort«, für Le Corbusier die »verehrungswürdige Unbekannte«. Die kleinstädtische ★ ☀ ⚓ *Piazza Vecchia* ist, wenn sie im Schatten liegt, Kinderspielplatz, Seniorentreffpunkt und Verschiebebahnhof der Flaneure – wunderbares Gedränge vor perfekter Renaissancekulisse. Der *Palazzo della Ragione,* das alte Rathaus, wurde bereits 1198 vollendet.

Colleoni-Kapelle

Der perfekt modellierte Sakralbau entstand aufgrund eines Befehls. Bartolomeo Colleoni, mächtiger Bergamasker Heerführer in venezianischen Diensten, forderte im 15. Jh., daß seine Familienkapelle zentral am Domplatz zu liegen habe. Die alte Sakristei von Santa Maria Maggiore mußte dem hochfahrenden Anspruch weichen. An ihrer Stelle schmückt den Domplatz seit 1476 eine reich dekorierte, vielfarbige Fassade aus der lombardischen Frührenaissance, die Bergamos kunsthistorischer Blickfang Nummer eins ist. Den Hintergrund der Colleoni-Gräber zieren Fresken von Tiepolo. Das daneben liegende, achteckige *Baptisterium* ist eine im 19. Jh. vorgenommene Rekonstruktion des Originalbaus von 1340. *Tgl. 9–12 und 15–18 Uhr*

Santa Maria Maggiore

Die Basilika ist ein interessanterer Bau als der Dom, an dessen Vorplatz sich ihr Haupteingang befindet; er führt in eines der Querschiffe. Das Nordportal ist flankiert von zwei Marmorlöwen, die die Säulen des Eingangsportals tragen und als Symbole der Romanik in keinem Zusammenhang stehen mit den Löwen der Republik Venedig. Dieses und das andere elegante Portal stammen von Giovanni da Campione, der 1353 auch die prächtige Vorhalle geschaffen hat. Sehenswert ist auch die Renaissancesakristei, deren Chorgestühl überaus schöne Intarsien auszeichnen. *Tgl. 9–12 und 15–18 Uhr*

MUSEEN

Accademia Carrara

Hier gibt es mehr venezianische Malerei zu bestaunen als sonst irgendwo in Norditalien. Die 200 Jahre alte Pinakothek in neoklassizistischer Hülle in der

Unterstadt, deren Sammlungsgrundstock vom Gründer der (angegliederten) Kunstakademie, Graf Giacomo Carrara, stammt, besitzt neben Tintorettos und Canalettos sowie Werken anderer berühmter italienischer Meister (Bellini, Carpaccio oder Mantegna) auch Bilder von Dürer, Brueghel d. Ä. und Velázquez. *Di–So 9.30–12.30 und 14.30 bis 17.30 Uhr, 8 000 Lit, P. Carrara 81a*

Museo Civico Archeologico

Hier ist ausgestellt, was fleißige Archäologen verschiedener Generationen aufgespürt, ausgegraben und zusammengetragen haben und womit nun die traditionsreiche Vergangenheit der Region anschaulich dokumentiert ist. *Di–Fr 9–12 und 15–17.30, Sa und So 15–18 Uhr, 6 000 Lit, P. Cittadella 9*

Museo Civico Donizettiano

Das Haus ist dem Lebenswerk eines Mannes gewidmet, der es in der Kunst zu einer Tellerwäscherkarriere brachte. Der Opernkomponist Gaetano Donizetti (1797–1848) ist in einem armselig wirkenden Haus im Borgo Canale 14 (im Sommer zu besichtigen) geboren und lebte später wohlgeachtet und mit Prunk im Palazzo della Misericordia. Ein Vergnügen für musikalische Devotionalienliebhaber. In jedem Frühjahr veranstaltet Bergamo Donizetti-Musikwochen. *Mo–Fr 8.30–12 und 14–17 Uhr, 6 000 Lit, P. Brigata Legnano 16*

Museo Civico di Scienze Naturali

Wer sich über die naturkundlichen Besonderheiten der Region einen Überblick verschaffen will, ist hier gut versorgt. Detailreich ausgestattete Dioramen zeigen Landschaften und Lebensräume. *Di–So 9–12 und 14.30–17.30 Uhr, 6 000 Lit, P. Cittadella 10*

RESTAURANTS UND CAFÉS

La Bruschetta

❂ Pizza aus dem Holzkohleofen und andere Leckereien in zentraler Lage in der Unterstadt. *So geschl., V. D'Alzano 1, Tel. 035/ 22 12 65, Kategorie 2*

Caffé Balzer

❂ Hier trifft sich Bergamo *per bene*, das feine Bergamo. Hier werden die besten Petits fours der Stadt serviert. *Di geschl., Portici Sentierone*

Gourmet

❖ Beim Speisen in dem hervorragenden Restaurant in der *città alta* erfreut der Blick über die Dächer der Neustadt. *Di und Anfang Jan. geschl., V. S. Vigilio 1, Tel. 035/25 61 10, Kategorie 2*

La Marianna

Eines der Spitzenrestaurants von Bergamo, edel im Ambiente, versiert in der Küche und vollendet beim Service – was natürlich seinen Preis hat. Der Risotto mit Steinpilzen ist ebenso köstlich wie *polenta e uccelli* (Polenta mit Vögeln). *Mo und im Jan. geschl., Largo Colle Aperto 2, Tel. 035/ 23 70 27, Kategorie 1–2*

Pasticceria Cerea

Im Zentrum von Bergamo Alta finden Sie dieses schöne Kaffeehaus im altösterreichischen Stil. *Mo geschl., V. Gombito 7/A*

Ai Prati di San Lunardo

 Solide italienische Küche ohne Firlefanz und zu vernünftigen Preisen. Die Bergamasker verehren die Patronin Donatella Bravi, die sich um eine gute Mischung aus Fisch- und Fleischgerichten bemüht. *Mo-Mittag, So und Aug. geschl., V. S. Bernardino 51, Tel. 035/24 74 19, Kategorie 2–3*

Sole

Mit Bildern an sämtlichen Wänden, eingelegten Pilzen, alten Uhren und anderem mechanischen Gerät von früher ist dieses Schmuckstück der Oberstadt ausstaffiert wie ein Museum. *Mo geschl., V. Colleoni 1, Tel. 035/21 82 38, Kategorie 1*

Da Vittorio

In dem weithin berühmten, vielfach ausgezeichneten Fischrestaurant probiere man *panaché di mare con verdure* (Gemüsetorte mit Meeresfrüchten) oder *fritto misto* (gemischter fritierter Fisch). *Mi und im Aug. geschl., Viale Papa Giovanni XXIII 21, Tel. 035/21 80 60, Kategorie 1*

Agnello d'Oro

Verwinkeltes Haus aus dem 17. Jh. an der Hauptgasse der *città alta.* Etwas plüschig eingerichtet. *18 Zi., V. Gombito 22, Tel. 035/24 98 83, Fax 23 56 12, Kategorie 3*

Azienda Ardizzone-Grumello

Ferien auf dem Bauernhof. Gutshaus aus dem 15. Jh., 7 km nördlich von Bergamo am Alpenrand. *3 Ferienwohnungen, 24022 Alsano Lombardo, Tel. 035/51 00 60, Fax 71 10 20, Kategorie 3*

Città di Bergamo

1995 eröffnetes, funktionales Jugendhotel mit preiswertem Restaurant. Die Rezeption ist 7–9 und 15–24 Uhr geöffnet. *30 Zi., V. Galileo Ferraris 1, Tel. 035/21 71 26, Kategorie 3*

Albergo San Vigilio

Saniertes, komfortables Kleinhotel. Überdachte Speiseterrasse mit Blick aufs Tal. *7 Zi., V. S. Vigilio 15, Tel. 035/25 31 79, Fax 40 20 81, Kategorie 2*

Auf Bergamos Piazza Vecchia sprudelt der Löwenbrunnen – und das Leben

Vineria Cozzi

❖ Männer stehen an der alten, leicht verschrammten Theke und diskutieren lautstark über Fußball, Politik und Frauen – in dieser Reihenfolge. Inmitten einer altertümlichen Einrichtung trinkt man in Gläschen und fühlt sich in die Vergangenheit versetzt. *Mi geschl., V. Colleoni 22a*

AUSKUNFT

APT
Viale Papa Giovanni XXIII 107, Tel. 035/24 22 26, Fax 24 29 94, Mo bis Fr 9–12.30 und 15–18 Uhr

Ufficio Informazioni
Bergamo Alta, Vicolo Aquila Nera, Tel. 0 35/23 27 30, nur März–Okt.

ZIELE IN DER UMGEBUNG

Cooperativa Agricola S. Antonio   (D–E 3)
Hier wurde er erfunden, der berühmte mild-würzige Vollmilchkäse der Lombardei, der Taleggio. In ihrer Käserei in der idyllischen Valle Taleggio verkaufen die vier Brüder Lucatelli ihn gleich nach der Herstellung. Das lohnt den kurzen Ausflug in die Berge. *Vedeseta, Tel. 0345/474 67*

San Pellegrino Terme   (E 3)
Der Ort (5000 Ew.) im bäuerlichen Brembo-Tal am Rand der Alpen unweit von Bergamo verdankt sein Renommee der größten PR-Strategin des Königreiches Italien, Königin Margherita, Gattin Umbertos I. 1905 reiste sie mit 80 Hofdamen zum Wassernippen an, zwei Jahre später war der Siegeszug des fein perlenden Wassers nicht mehr aufzuhalten. Margherita – die auch der »klassischen« Pizza in den italienischen Farben Grün (Kräuter), Weiß (Mozzarella) und Rot (Tomate) ihren Namen gab – lockte *marchesi* aus Neapel, russische Prinzen und ägyptische Beys an das Ufer des Flusses Brembo. San Pellegrino war kurz davor, Baden-Baden den Rang abzulaufen. 1912 begossen Parlamentarier im Spielkasino mit Champagner den Libyen-Feldzug der italienischen Armee, die 300 Zimmer des Grandhotels waren ständig belegt. Heute ist das Monumentalgebäude von Schlingpflanzen eingewuchert, die Kommune findet für das Zauberberg-Szenario keine Investoren. Auch im Spielkasino bringt sich kein Baron mehr um seinen Besitz – es wird für Kongresse und Festivitäten vermietet; in der Hochzeitstortenarchitektur werden Filme gedreht. Der Kursaal aber behielt seine Funktion: Inmitten pompejanisch anmutender Wandmalereien sprudelt unter aus Marmor gemeißelten Meerestieren eine der drei San-Pellegrino-Quellen. 225 000 Liter Mineralwasser fließen aus dem Fels – stündlich. In grünen Flaschen landet es auf den Tischen der gehobenen Gastronomie weltweit, von Testern der New York Times als bestes Mineralwasser der Welt gelobt. 40 Millionen Flaschen mit dem roten Stern werden pro Jahr abgefüllt, womit San Pellegrino drittgrößter Mineralwasserproduzent Europas ist. Weil die meisten Besucher in Bergamo logieren, gibt es nur wenige Hotels. Ein Tip in privilegierter Lage im Jugendstil-Kurzentrum von San Pellegrino: *Terme (50 Zi., Tel. 0345/ 211 25, Fax 234 97, Okt.–Mai geschl., Kategorie 3)*. Handfeste Spezialitä-

ten der Bergamasker Küche wie *polenta taragna* (mit Taleggio-Käse verfeinerte Polenta) oder *polenta con ösei* (mit Wachteln und anderen Zuchtvögeln) serviert man im Restaurant Da Gianni *(Mo geschl., V. Tiolo 37, Tel. 0345/910 93, Kategorie 3)* in Ambria, 4 km südlich von San Pellegrino. *Auskunft im Ufficio Turismo, V. Papa Giovanni XXIII 18, Tel. 0345/210 20, Fax 233 44, Mo–Sa 9–12 und 15–18 Uhr*

BRESCIA

(F 4) Eine Augenweide ist sie beim ersten Blick nicht, die nach Mailand zweitwichtigste Industriestadt (210 000 Ew.) der Lombardei, Italiens größte Waffenschmiede. Schon im Mittelalter wurden hier Schwerter und Ritterrüstungen hergestellt. Aber wer sich durch die gar nicht malerischen Vororte gequält hat, wird die Provinzhauptstadt schätzenlernen. Der Gang durch den historischen Kern der Baustahlstadt läuft auf eine Entdeckungsreise durch viele Epochen von Geschichte und Kunstgeschichte hinaus. Besonders reichhaltig sind Werke römischer, frühchristlicher, romanischer und gotischer Kunst zu finden, aber auch spätere Epochen sind vertreten. Bereits 500 v. Chr. gab es hier erste Siedler, 225 v. Chr. schlossen die ansässigen keltischen Gallier eine Allianz mit den Römern. Brixia, wie Brescia damals hieß, wurde aufgrund seiner strategisch günstigen Lage Ausgangspunkt für die Eroberung Galliens. Nachdem die Stadt 1426 im Frieden von Ferrara der Republik Venedig zugeschlagen wurde, begann die fruchtbarste Bauperiode.

BESICHTIGUNGEN

Piazza della Loggia

☸ Ein verspielter venezianischer Platz, auf dem selbst die Tauben nicht fehlen. Umgeben ist er von feingliedrigen, noblen Bauten, in denen die Herrschaft der Republik Venedig architektonisch ihren sichtbarsten Ausdruck fand. Am Rathausbau soll der berühmte Baumeister Andrea Palladio mitgewirkt haben.

Piazza Paolo VI (Domplatz)

Zuerst bedrückt der gewaltige Block dreier aneinandergefügter Bauten, die sehr unterschiedlich sind. Die schiere Baumasse des *Duomo Nuovo* mit seiner 80 m hohen Kuppel – der dritthöchsten Italiens – und der klassizistischen Fassade erschlägt fast den rechts daneben stehenden, romanischen Rundbau auf dem niedriger gelegenen Niveau der antiken Piazza. Die ★ *Rotonda,* offiziell *Duomo Vecchio,* ist das bauliche Glanzstück des Domplatzes. Die überkuppelte Rundkirche entstand bereits Ende des 11. Jhs. über den Resten einer Basilika aus dem 6. Jh. und ist uneingeschränkt das großartigste Zeugnis romanischer Architektur in der Lombardei. Sie besticht vor allem durch ihre Einfachheit und Strenge, im Innenraum noch durch die puristische Restaurierung des späten 19. Jhs. gesteigert. Der *Broletto* ist das ehemalige Rathaus der Kommune, ein vielgestaltiger Komplex im Norden des Domplatzes. Ende des 12. Jhs. hatte man mit dem Bau begonnen, der erst im 18. Jh. vollendet wurde. Dem Westflügel des *Broletto* ist der einfache, aber schöne Backsteinbau der Kirche *S. Agostino* angegliedert.

Eine runde Sache: La Rotonda ist Brescias romanisches Glanzstück

Piazza della Vittoria

Hier ist zu besichtigen, wie man einen mittelalterlichen Platz zum Schandfleck einer Stadt machen kann – durch kalte, glatte Monumentalarchitektur. In den dreißiger Jahren benötigte der Faschismus einen Musterplatz. Mussolini spannte die Vertreter der Moderne für seine Zwecke ein. Entstanden ist das, was oft Triumph der Leere genannt wurde. Wie ein verlangsamtes Weberschiffchen gleitet der Blick hin und her, ohne an den glatten Fassaden Halt zu finden. Heute wird die Totalumgestaltung der Piazza diskutiert, doch eine Entscheidung über das umstrittene Thema ist nicht in Sicht.

MUSEEN

Civico Museo delle Armi Antiche Luigi Marzoli

Die Stadt der Waffen hat auch eine dementsprechend ambitionierte Sammlung. Der Museumsgründer hinterließ vor allem Waffen des 18. und 19. Jhs. *Okt.–Mai Di–So 9–12.30 und 15–17 Uhr (Sa und So bis 18 Uhr), Juni–Sept. Di–So 10–12.30 und 15–18 Uhr (Sa und So bis 19 Uhr), 5000 Lit, Maschio Visconteo*

Tempio Capitolino

An der Straße, die von Mailand nach Aquileia führte und heute Via dei Musei heißt, am Hang des Cidneo-Hügels, sind Rudimente des antiken Norditalien zu besichtigen. Reste einer Treppe, Giebelteile und von der Zeit angefressene korinthische Frontsäulen sind übriggeblieben vom 73 n. Chr. auf Anweisung Kaiser Vespasians vollendeten Kapitolstempel, der den Göttern Roms geweiht war. Auch vom römischen Theater ist noch einiges zu besichtigen. Dahinter stehen die modernen Hallen des Römischen Museums, in denen archäologische Funde, antike Reliefs und Statuenfragmente versammelt sind. *Mai–Sept. Di–So 10–12.45 und 14–18, Okt.–April Di–So 9–12.45 und 14–17 Uhr, 6000 Lit, V. dei Musei 57a*

RESTAURANTS UND CAFÉS

L'Albereta

Luxuriös renovierte, lichtdurchflutete Villa aus dem 19. Jh. in Erbusco, 25 Kilometer westlich von Brescia in der Nähe des Iseosees. Spitzenküche von Gualtiero Marchesi, dem kulinarischen Papst der Lombardei (drei Sterne im Michelin). Exzellente Weine der Franciacorta. *So-Abend, Mo und im Jan. und Aug. geschl., V. Vittorio Emanuele II, Erbusco, Tel. 030/776 05 62, Kategorie 1*

Caffè Bianchi

◉ ↟ Schmalräumiges Jugendstilcafé auf zwei Etagen. Beliebter Treffpunkt vieler Verliebter und solcher, die es gerne wären. *Corso Gafredo Mameli 36*

Gottardino

↯ Liegt außerhalb von Brescia auf einem Hügel und bietet einen schönen Blick. Schon die Anfahrt beschert schöne Aussicht, führt sie doch über die Via Panoramica. Mit *gnocchi* und Kaninchen gibt sich die Küche regional. *So-Abend, Mo und im Aug. geschl., V. S. Gottardo 4, Tel. 030/435 32, Kategorie 2*

La Sosta

◉ ↟ Großer Saal mit zwei Säulenreihen, die das Gewölbe tragen. Im einstigen Stall des Palazzo Martinengo ist das effektvollste Restaurant der Stadt untergekommen. *So-Abend, Mo und im Aug. geschl., V. S. Martino della Battaglia 20, Tel. 030/29 56 03, Kategorie 1–2*

Vittoria Mix

◉ ↟ Witzig gestaltetes Doppelrestaurant auf zwei Etagen. Unten gibt es Pizza satt, oben ein großes Buffet zum preisgünstigen Selbstbedienen. Und überall *non fumatori. V. 4 Novembre 2/P. della Vittoria, Tel. 030/29 00 29, Kategorie 3*

EINKAUFEN

Wer sparen will, besucht den ↟ *Flohmarkt* jeden letzten So im Monat auf der Piazza della Vittoria. Wer genug Barschaft hat, kann in der *Galleria dell'Officina Rivadossi (V. Pace 16A)* hochwertige Kunst und handgemachte Möbel erwerben *(Katalogbestellung Tel. 030/375 53 84)* und sich bei *Claudio Lugli (Corso Martiri della Libertà 40)* in einem alten Adelshaus avantgardistisch einkleiden.

HOTELS

L'Albereta

Die Villa krönt ein Turm, in ihre Fassade sind Spitzbogenfenster eingerastert. An das Gebäude aus dem 19. Jh. ist ein neuer Flügel mit Suiten angebaut. Kaminzimmer, Teesalon und Bar machen den Aufenthalt zum Vergnügen für solche, die sich zwischen weinbewachsenen Hügeln verwöhnen lassen wollen und das entsprechende Kleingeld lockermachen können. *39 Suiten, 25 km westlich in Erbusco, V. Vittorio Emanuele II, Tel. 030/776 05 50, Fax 776 05 73, Kategorie 1*

Corallo

Einfaches Haus, aber vor kurzem renoviert und preiswert. *10 Zi., Vicolo Nottole 2 (Seitengasse des Corso Martiri della Libertà), Tel. 030/425 44, Kategorie 3*

La Mongolfiera di Bellavista

Schöne Villa mit sechseckigen Kacheln und im Duft der Akazien und Kastanienbäume. Gleich daneben ein Golfplatz. Wie L'Albereta 25 km außerhalb in Erbusco-Bellavista. *6 Zi., zwei Wochen im Jan. und drei im Aug. geschl., Tel. 030/726 84 51, Fax 776 03 86, Kategorie 2*

Vittoria

Erstes Haus am Platz, höchster Komfort, hoher Preis. *65 Zi., V. X Giornate 20, Tel. 030/28 00 61, Fax 28 00 65, Kategorie 1*

AUSKUNFT

APT
Corso Zanardelli 38, Tel. 030/ 450 52, Fax 29 32 84, Mo–Sa 9.30 bis 12.30 und 14.30–18.30 Uhr

ZIELE IN DER UMGEBUNG

Franciacorta   (F 4)

Noch nicht lange wird *agriturismo* für den verwöhnten Geschmack geboten. Wer an der Abfahrt Rovato von der A 4 abbiegt, durchquert die mit Ahorn und Kastanien bestandene Hügellandschaft, einst unbewohnbarer Sumpf, heute eine grüne Ebene, in der spritzige Weine reifen.

In *Erbusco,* einer Ortschaft mittelalterlichen Ursprungs, steht außer Gualtiero Marchesis Feinschmeckerrestaurant das Landhotel *La Mongolfiera* mit zwei Golfplätzen und einem Sportzentrum in der Nähe, gemeinschaftlichem Eßsaal mit Kaminfeuer und traditioneller Küche. Für Wanderer und Radfahrer gibt es markierte Wege. Ferien auf dem Weingut bietet die *Villa Gradoni* in *Monticelli Brusati,* mit-

ten im rebenbestandenen Hügelland *(6 Apartments, V. Villa, Tel. 030/65 23 29, Fax 685 23 05, Kategorie 3).*

Lago d'Iseo   (F 3–4)

Der 25 km lange und knapp 2,5 km breite, türkisblaue See hat kaum Uferpartien, an denen man sich zum Baden niederlassen kann. Meist verhindern das schroffe Felsen, die bis ans Wasser reichen. Seine Attraktion ragt aus der Mitte des Wassers empor: eine grüne ★ Berginsel, das größte Eiland sämtlicher italienischer Seen – und mit 600 m das höchste. Zum *Monte Isola* mit seinen herrlichen, teilweise verwunschenen Wanderwegen verkehren Fähren von *Sulzano* oder *Sale Marasino.* In vielen Schlingen verläuft eine aus dem Fels geschlagene Straße um den ganzen See herum. *Iseo* besitzt in seiner malerischen Altstadt eine *Pfarrkirche* aus dem 12. Jh. und den von Laubengängen umgebenen *Garibaldi-Platz. Pisogne,* an der Nordspitze des Sees, steht zum Teil auf trockengelegten Sümpfen. Die Kirche *Madonna della Neve* ist innen mit Fresken in kräftigen Farben ausgemalt, die Motive aus dem Neuen Testament versammeln. Sie stammen von Romanini, der hier 1533/34 tätig war. In *Lovere,* dem Hauptort am Lago d'Iseo, steht am westlichen Ortsrand der *Palazzo Tadini,* der mit einer außergewöhnlich schönen Fassade prunkt. Die Basilika *S. Maria in Valvendra* ist ein Bau der Frührenaissance, der innen barockisiert wurde und eine reichverzierte Orgel zur Schau stellt. Unterkunft findet man in der restaurierten Patriziervilla *I due Roccoli* in einem zwischen Bäu-

600 Meter Berg mitten im Wasser: Monte Isola im Lago d'Iseo

men verborgenen Anwesen in *Colline d'Iseo* 6 km östlich von Iseo Richtung Polaveno *(13 Zi., V. Silvio Bonomelli 54, Tel. 030/ 982 29 77, Fax 982 29 80, Kategorie 2).* Obwohl Badestrände knapp sind, gibt es mehrere Campingplätze. *Ninfea Cooptur Club* (ein hilfsbereiter Zusammenschluß örtlicher Tourismusbetriebe), *V. Duomo 17, Iseo, Tel. 030/98 11 54,* gibt Auskunft für Bootsfahrten.

Nave (G 4)

In der Mitte des Ortes nördlich von Brescia steht der schlichte Flachbau der *Officina Rivadossi (V. Monteclana 11, Tel. 030/ 253 00 27),* die bescheiden als »Werkstatt für Möbelarchitektur« fungiert. Wer den Präsentationsraum dieser Möbelhalle betritt, wähnt sich jedoch in einer Kunstgalerie. Das Design folgt keiner Mode, empfindet keinen verflossenen Stil nach, proklamiert keine Postavantgarde und antikisiert schon gar nicht. Bestimmend ist der Sinn für Form, Struktur, Funktion und Schönheit. Gefertigt werden die Stücke in traditioneller Weise ohne Nägel und Leim, nur mit Dübeln aus Akazie, die oft selbst Stilelemente sind. Möbelarchitektur vom Feinsten.

Valcamonica (G 2)

Seit 7000 Jahre alte prähistorische Gravierungen mit anmutigen Figuren an Felsen in Capo di Ponte zum italienischen Nationaldenkmal erklärt wurden, ist die Valcamonica mit dem *Parco Nazionale delle Incisioni Rupestri* zu einem Wallfahrtsort des lombardischen Schulwesens geworden.

Valtellina

Die Valtellina (Veltlin) ist bis März schneesicher. Die Provinzhauptstadt *Sondrio* (**E 2,** 23 000

41

Ew.) ist ein wichtiges Hochgebirgsziel. Um Sondrio herum reifen Grumello und Sassella, die zu den besten Weinen der Lombardei gehören. Der kunstgeschichtlich interessanteste Ort in der Valtellina ist *Teglio* (**F 2**) mit seinen kühnen Palazzi und Sakralbauten. Er ist, 856 m hoch, über eine kurvige Bergstraße zu erreichen oder über die sehr abwechslungsreiche ◣ *Panoramica dei Castelli,* die Alpinisten zu den schönsten Straßen der Welt zählen. *Bormio* (**G 1**, 3 000 Ew.) ist das Tor zur größten naturbelassenen Landschaft Italiens, dem Parco Nazionale dello Stelvio. Im Winter sind alle jahreszeitlichen Sportarten fast ein halbes Jahr lang möglich, im Sommer bieten sich ausgedehnte Bergtouren an. Die neun Thermalquellen von Bormio wurden schon von den alten Römern genutzt, ihre chemische Zusammensetzung und die gleichmäßigen Temperaturen zwischen 37 und 43 Grad schaffen Heilerfolge bei verschiedenen Krankheiten. Das Thermalbad *Bagni Vecchi (Strada dello Stelvio, Tel. 0342/91 01 31)* ist als Schwitzgrotte das einzige natürliche Dampfbad im Alpenraum. *Auskunft: APT, V. Roma 131/B, Tel. 0342/90 33 00, Fax 90 46 96*

GARDASEE

(**G–H 3–5**) Der größte und meistbesuchte See Italiens besitzt kaum noch beschauliche Flecken, aber eine einmalige Kulisse aus steil ansteigenden, grauen Felsen und mit dunkelgrünen Zypressen, silbrigen Olivenbäumen, rosig blühendem Oleander und saftig gelben Zitronen eine besonders anziehende Vegetation

– vor allem im Südwesten, auf lombardischem Territorium, wo die Hügel sanfter werden und die Ufer mediterran geprägt sind. Im lombardischen Teil schlängelt sich eine malerische Uferstraße durch die Weinberge, die Gardesana Occidentale. Mit zahllosen Galerien und Tunneln durch aufgesprengte Uferfelsen führt sie direkt am See entlang. Ausführlicher berichtet der MARCO POLO Führer »Gardasee«.

ZIELE AM GARDASEE

Limone (**H 3**)
Der Ort (1 000 Ew.) schmiegt sich pittoresk unterhalb der Steilfelsen ans Wasser und ist als Touristenadresse beliebt wegen seiner herrlichen Lage und der vielen Blumen.

Sirmione (**G 4**)
30 m hoch ragen die Zinnen der ★ *Rocca Scaligera,* Italiens schönster Wasserburg – ein Postkartenschloß auf einer Landzunge. Die von den veronesischen Skaligern errichtete Burg ist eine touristische Pflichtadresse. Allein der Zeit nachsinnen kann man hier nicht. Trotzdem vermittelt das imposante Kastell, in dessen grünblauem Wassergraben Forellen und extravagante Motorboote schwimmen und vor dessen Brücke teure Limousinen parken, mit seinen Türmen eine Ahnung davon, wie hochherrschaftliches Leben sich zum Ausgang des Mittelalters abgespielt haben muß: ganz der militärischen Strategie unterstellt, die fürstlichen Wohnräume sind eher karg. Vom höchsten ◣ Turm aus ist die Aussicht auf See und schmale Landzunge grandios

---

Die Marco Polo Bitte

Marco Polo war der erste Weltreisende. Er reiste in friedlicher Absicht, verband Ost und West. Er wollte die Welt entdecken, fremde Kulturen kennenlernen, nicht zerstören. Könnte er für uns Reisende des 20. Jahrhunderts nicht Vorbild sein? Aufgeschlossen und friedlich sollte unsere Haltung auf Reisen sein. Dazu gehören auch Respekt vor Mensch und Tier und die Bewahrung der Umwelt.

WWF

(Mo 9–13, Di–So 9–18.30 Uhr, 8 000 Lit). Im ummauerten antiken Hafenbecken lag einst die Flotte der Skaliger vor Anker. Im Städtchen mit seinen rund 5 000 Einwohnern lädt die *Via Staffalo* zum Spazierengehen ein. Am äußersten Ende der Halbinsel befinden sich die sogenannten *Grotten des Catull*, eingebettet in Olivenhaine, eine römische Villa aus der Kaiserzeit mit hohen Gewölben und Thermalanlagen *(Di–So 9–18 Uhr, 6 000 Lit).* Das Areal ist bisher nur zu einem Drittel ausgegraben. Unterhalb liegt ein ⚑ Strand mit flachen Felsplatten, von dem der Blick auf den See mit der Bergkulisse dahinter besonders schön ist. Auf einer Uferterrasse läßt sich im Schatten der Zitadelle im Freien gut und erstaunlich preiswert essen bei *Grifone da Luciano (Mi und Nov. bis Ostern geschl., Vicolo delle Bisse 5, Tel. 030/91 60 97, Kategorie 2).*

Tignale (H 3)

Beherrschend sitzt auf einem ⚑ Felssporn des Hochplateaus in fast 700 m Höhe die Wallfahrtskirche *Madonna di Monte Castello,* die im 13./14. Jh. an Stelle einer Skaligerburg entstand. Im Barock wurde sie stark verändert. Von hier aus läßt sich fast der ganze See überblicken.

Vittoriale degli Italiani (G 4)

Der Verseschmied, Casanova, prahlerische Dekadent und Wegbereiter des Faschismus Gabriele D'Annunzio schuf sich mit der »Siegesstätte der Italiener« in *Gardone (Di–So 9–12.30 und 14.30 bis 18.30, im Winter 14 bis 17.30 Uhr, 10 000 Lit)* das letzte Bühnenbild seines Lebens und hinterließ ein Kuriositätenkabinett. Kitsch, Plunder und Monstrositäten wie eine Kopie des Eros von Donatello mit bläulich angestrahltem Unterleib. Wenn D'Annunzio (1863–1938) auf einem rosafarbenen Diwan seine Opiumpfeife rauchte, spielte ein Quartett Debussy-Sonaten. Der Schöpfer dieses Mausoleums, der sich als »höchsten Interpreten der Schönheit Italiens« glorifizierte, betrat diesen Raum nur in Mönchskutte. Wer das Pantheon seiner wahnsinnigen Selbstinszenierung verläßt, wird das Azur des Sees, das zwischen tiefgrünen Lorbeerblättern leuchtet, als sehr erfrischend empfinden.

Das *Grand Hotel Gardone Riviera (180 Zi., Nov.–März geschl., V. Zanardelli 72, Tel. 0365/202 61, Fax 226 95, Kategorie 2)* ist ein über hundert Jahre altes Refugium für solche, die sich – zu entsprechenden Preisen – verwöhnen lassen wollen.

Villen, Wandern, Wassersport

Drei große Seen, prächtige Parks und
bewaldete Bergtäler sorgen für Abwechslung

Man muß Glück haben mit dem Wetter, vor allem beim ersten Mal. Ist der Himmel verhangen, kann der Blick auf den Comer See zur Enttäuschung werden: drei düstere Fjorde im V der Berge. Hat aber Sonnenlicht die Fassaden der Häuser und Villen an den Ufern und die Zweitausender des Grigna-Massivs zum Strahlen gebracht, ist die Begegnung umwerfend. Dann bietet es sich an, unter den Glyzinienranken der Seeterrassen von Cadenabbia zu sitzen, Campari zu schlürfen, zu schauen und zu staunen. Der Lario, wie der Comer See nach seinem antiken Namen Lacus Larius von den Einheimischen genannt wird, ist dann der schönste.

Ist er es? Die drei großen oberitalienischen Seen am südlichen Rand des gewaltigen Gebirgsmassivs, wo sich Schweiz und Lombardei vereinen, wetteifern miteinander um den Superlativ. Sie haben dabei ganz spezielle Schön- und Eigenheiten aufzuweisen. Smaragdene Inseln in blau leuchtendem Wasser, terrassierte Gärten, Bäume und Blumen an den Ufern, weiße Kirchtürme, rosafarbene Villendächer. Verfallene Bootsanlegestellen, von Zypressen und Myrte überwuchert, hängende Gärten voller Lilien, Geranien, Magnolien und Azaleen und Bougainvillea, die in scharlachroten Kaskaden zum Ufer hinabstürzt. Welches der schönste See ist – das ist Geschmackssache.

Gemeinsam ist den Gewässern ihr Ursprung: In der Eiszeit frästen Gletscher die fjordartigen Seebecken in die Alpen und speisten sie mit Schmelzwasser. Bei dieser Herkunft erstaunt das milde Klima. Es entsteht, weil die Alpenkämme die kalten Nordwinde und Atlantikströmungen abhalten, im Sommer die Wärme aufsaugen und sie in kälteren Jahreszeiten wieder abgeben. Das hat immer schon Menschen angezogen. Unter ihnen auch Prominente und Vermögende, was die Preisentwicklung an den Seen beeinflußt hat. Billig urlauben geht hier nicht. Doch wer sich genau umschaut, hauptsächlich in den kleinen Ufergemeinden, findet preiswerte Hotels und Ferienapartments, die selbst einen

Ein blaues Wunder: der Comer See

45

Familienurlaub erschwinglich werden lassen. Ausführlichere Informationen finden Sie in den MARCO POLO Führern »Oberitalienische Seen« und »Tessin«.

COMO

(**C 3**) 146 qkm groß und 50 km lang, gesäumt von einer mächtigen Alpenkulisse, ist der Comer See vollständig italienisch, ohne eidgenössischen Anteil. Unter den Seen ist er mit 410 m der tiefste und außerdem der fischreichste. An seinen Ufern gedeihen sogar Olivenbäume und Dattelpalmen. Trotz übervoller Uferstraßen, hauptsächlich in Ferienzeiten, hat sich das Gewässer seinen romantischen Charme bewahrt. Die nur rund 50 km von Mailand entfernte Stadt Como (100 000 Ew.) ist von jeher Wochenendziel der lombardischen Oberschicht. Das schachbrettartige Straßenmuster im historischen Zentrum zeigt noch die Anlage des römischen Castrum Novum Comum aus dem Jahr 49 v. Chr. Die Comasken erwiesen sich im Mittelalter als renitent gegenüber Mailand. Erst im 14. Jh. setzten sich die Mailänder Regenten durch und koppelten die Stadt an ihr Reich. Como wurde reich durch seine Seidenproduktion, von der heute nur noch die Seidenverarbeitung geblieben ist, die jedoch noch immer eine gewisse Rolle spielt. Die zum See hin offene Piazza Cavour, Via Plinio und Via Vittorio Emanuele II verkörpern bis heute Stilempfinden und Renommee des Ortes mit seiner Kleinstadtatmosphäre im Zentrum. Die Altstadt, die überwiegend autofreie *città murata,* ist uraltes Kulturland. Hier wurden frühe Steinzeitfunde gemacht, keltische Ansiedlungen entdeckt und Spuren der Zerstörung durch die Römer im 2. Jh. v. Chr. gefunden.

BESICHTIGUNGEN

Castello Baradello

⚜ Die Ruine thront am Osthang des Monte della Croce 432 m über der Stadt, der Ausblick über die Türme und Dächer ist grandios. 1158 von Friedrich Barbarossa zum Schut-

---

MARCO POLO TIPS FÜR COMO UND DEN NORDWESTEN

1 Villa dell'Olmo in Como
Schönes, altes Bauwerk für zeitgemäße Kulturveranstaltungen (Seite 47)

2 Varenna
Wunderbare, steile Treppengassen und zwei der schönsten Villen am Comer See (Seite 51)

3 Von Mezzegra nach Viano
Wanderung durch eine Gegend, in der die Zeit stehengeblieben scheint (Seite 53)

4 Domplatz von Como
Ein Stück alte Lombardei, ein Gruß der Vergangenheit (Seite 47)

ze Comos errichtet, wurde die Festung von den Visconti ausgebaut. *Do, Sa und So 10–12 und 14.30–17 Uhr, von der P. S. Rocco über die Bahngleise und die Serpentinen hinauf*

Domplatz

★ Dom *S. Maria Maggiore (tgl. 7 bis 12 und 15–19 Uhr), Broletto* (ehemaliges Rathaus) und *Torre Comunale* riegeln den Platz als Block nach Osten hin ab und bieten ein Bild seltener Großartigkeit. Stadtturm und Broletto sind Bauten des frühen 13. Jhs., am Dom wurde über Jahrhunderte gewerkelt, soeben ist die Sanierung der Außenhaut abgeschlossen worden. Im plastischen Schmuck des Hauptportals ist neben Heiligen auch Platz für säkulare Größen: Plinius der Ältere und Plinius der Jüngere – eine Ehrerbietung der Bauherren an die römischen Literaten und Naturkundler. Am schmuckreichsten ist die *Porta della Rana* (Froschportal), die ihren Namen einem heute kaum noch sichtbaren, eingemeißelten Frosch verdankt. Das weite, spätgotische, dreischiffige Langhaus ist im Innern recht dunkel, beeindruckt aber durch seine monumentale Würde. Die Fassade des Broletto ist aus grauem, rosa und weißem Marmor gefertigt.

Villa dell'Olmo

★ ❂ Plinius der Jüngere soll hier einst eine Ulme gepflanzt haben. Nach ihr erhielt die Villa, ein einzigartiges bauhistorisches Schmuckstück, ihren Namen. Als Bauherr ist der Marchese Innocenzo Odescalchi in den Annalen vermerkt, vollendet wurden die Bauarbeiten 1789. Napoleon, der

Il duomo in Como: marmornes Monument der Spätgotik

österreichische Kaiser Ferdinand I. und die Visconti haben hier residiert. 1927 ging das mit Säulen und Skulpturen auf der Dachterrasse verzierte Gebäude in den Besitz der Gemeinde Como über, die es zum kulturellen Zentrum machte. In den geschmackvoll eingerichteten Sälen finden Theateraufführungen und Konzerte statt; auch Kongresse werden in der Villa veranstaltet. Attraktionen sind der Spiegelsaal und der prachtvolle Garten. *Mo–Sa 8–18 Uhr (bei größeren Veranstaltungen geschl.), V. Cantoni*

Museo Civico Archeologico

Die ältesten archäologischen Fundstücke stammen aus der Steinzeit (8 000 v. Chr.). Sie liegen neben Fundstücken aus Bronze- und Eisenzeit. Der ausgestellte Einbaum, mit dem die Ursiedler auf den See hinausfuhren, ist über 3 000 Jahre alt. Die Gemäldegalerie zeigt vor allem Werke heimischer Künstler. *Di–Sa 9.30–12.30 und 14–17, So 10–13 Uhr, 6 000 Lit, P. Medaglie d'Oro 1*

Museo Tempio Voltiano

Alessandro Volta (1745–1827) zählt zu den berühmtesten Söhnen der Stadt. Nicht nur die von seinem Namen abgeleitete Bezeichnung Volt ist durch ihn in die Elektrizität eingeführt worden, sondern auch eine Reihe anderer Neuerungen. *April–Sept. Di–So 10–12 und 15–18, Okt. bis März Di–So 10–12 und 14–16 Uhr, 4 000 Lit, Viale Marconi*

RESTAURANTS UND CAFÉS

Del Gesumin

In dem alten Gemäuer empfiehlt sich zum Abendessen ein *ossobuco* mit Polenta. Eine reichhaltige Weinkarte rundet das Angebot ab. *So geschl., V. 5 Giornate 46, Tel. 031/26 60 30, Kategorie 1–2*

Al Giardino

Wer sich einmal etwas Gutes gönnen will, sollte in dieser wunderschönen Jugendstilvilla speisen. Hier gibt es *cavedona,* den Comer-See-Fisch schlechthin – weißes Fleisch und sehr fein. Die Fischsuppe wird so aufwendig vorbereitet, daß sie vorbestellt werden muß. *Mo und im Aug. geschl., V. Montegrappa 52, Tel. 031/26 50 16, Kategorie 2*

Pasticceria Belli

In diesem gediegenen und traditionsreichen Kaffeehaus am zentralen Corso der Stadt werden die süßen Sachen in den Vitrinen wie Juwelen dargeboten und würdevoll serviert. Den Preis, der dafür zu bezahlen ist, sind sie

wert. *Tgl. 8–22 Uhr, V. Vittorio Emanuele II 7*

Taverna Pizzeria Spagnola Cavour

◆ ⅍ Pizza total! Abends stehen die Leute Schlange, das Lokal ist chronisch überfüllt, und einige Touristen sind immer verärgert, weil Stammgäste bevorzugt an die Tische gelassen werden. Doch Anstehen und Ärger sind im Nu vergessen, wenn es an die feinen und originellen Pizzavarianten zu fairen Preisen geht. *Mi geschl., V. Grassi, Tel. 031/27 24 60, Kategorie 2–3*

EINKAUFEN

Como ist die *città della seta,* die Seidenmetropole, wo international bekannte Couturiers ihre Stoffe ordern. Überall in der Stadt bieten Geschäfte Kleidung und Tücher aus dem edlen Stoff an. Insider gehen zu *Ratti,* der ersten Adresse für dieses Gewebe, in der *V. Cernobbio* (direkt links hinter der Villa dell'Olmo). Dort sind Krawatten, Tücher und Meterware, auch aus Wolle oder anderen Fasern, zu recht günstigen Preisen zu bekommen.

ÜBERNACHTUNG

Jugendherberge Ostello Villa dell'Olmo

In der Nähe der gleichnamigen Villa, für junge Reisende ein Preisknüller. *76 Betten, Okt.–Feb. geschl., V. Bellinzona 2, Tel. und Fax 031/57 38 00*

Palace

Belle-Époque-Kasten mit schönem Innenhof und tollem Panoramablick auf Hafen und See. *100 Zi., Lungo Lario Trieste 16,*

Tel. 031/30 33 03, Fax 30 31 70, Kategorie 2

Sole

Ideal für Rucksacktouristen und solche mit limitierter Barschaft. Die meisten Zimmer haben weder Bad noch Dusche, dafür gibt es im Haus eine Bar, die Treffpunkt der Einheimischen ist. *14 Zi., V. Borgovico 91, Tel. 031/57 33 82, Kategorie 3*

Villa Flori

Feine Adresse in der Nähe der Villa dell'Olmo. *45 Zi., V. Cernobbio 12, Tel. 031/57 31 05, Fax 57 03 79, Kategorie 1*

Segeln

Circolo Vela Como, Viale Puecher 8, Tel. 031/57 47 25

Bar Nazionale

◉ Seit bald vier Jahrzehnten ist diese Bar eine Institution. Geführt wird sie vom Schwesternduo Bruna und Nuccio Pessina, zwei mit viel Menschenerfahrung gesegneten alten Damen, bei denen schon mancher Mann einen Rat erheischt hat. *Tgl. 8–24 Uhr, V. Odescalchi 12*

APT

P. Cavour 17, Tel. 031/26 20 91, Fax 26 11 52, Mo–Sa 9–12.30 und 14.30–18 Uhr

Schiffsausflüge

Navigazione Lago di Como, P. Cavour, Tel. 031/30 40 60, oder V. Rubini 22, Tel. 031/27 33 24

Campione d'Italia   (C 2)

Die lombardische Exklave im Tessin ist am aufregendsten für leidenschaftliche Spieler. Im *Kasino (tgl. ab 15.30 Uhr)* am Seeufer herrscht an Roulette- und Bakkarattischen Sakkozwang. Von Campione kann man in 20 Minuten über den See nach Lugano schippern; Grenzformalitäten gibt es nicht. Die barockisierte gotische Friedhofskapelle *Madonna dei Ghirli* am südlichen Ortsrand trägt an der Außenwand und im Innern schöne Fresken.

Castiglione Olona   (C 3)

Der früher unbedeutende Ort (25 km westlich von Como) verdankte seinen Quantensprung zur ländlichen Residenzstadt im Stil der toskanischen Frührenaissance dem Umstand, daß hier der Kardinal und päpstliche Legat Branda Castiglione das Licht der Welt erblickt hatte. Der kunstsinnige Karrierist wollte in der ersten Hälfte des 15. Jhs. aus seinem Geburtsort ein »Klein-Florenz« machen und lockte Florentiner Künstler in das – heute reizvoll verfallene – Bergdorf über dem Ufer des Olona. Bedeutende Bauten sind die *Casa Castiglione* (1436), der einst prunkvolle Familiensitz des gleichnamigen Geschlechts, und die Kirchen *Chiesa di Villa* (1443) sowie *S. Maria* (1428). Für den Kirchenschatz gibt es ein kleines Museum *(Museo della Collegiata, Sa und So 14.30–18 Uhr, 4 000 Lit, V. Cardinal Branda 1)*. Die *Fiera del Cardinale,* ein Floh- und Antiquitätenmarkt, findet stets am ersten Sonntag im Monat statt.

Cernobbio (C 3)

Der 5 km von Como entfernte Ferienort gehört zu den berühmtesten am See. Allerdings sind die meisten Villen in Privatbesitz, nur Parks können besichtigt werden. Im Luxushotel Villa d'Este logierten der italienische Adel, Angehörige des britischen Königshauses und eine russische Zarin. Acht Tennisplätze, ein Golfplatz, Squashanlage und andere Annehmlichkeiten stehen zur Verfügung. Der diskrete Service gehört zur feinsten Art, sich in dieser Welt verwöhnen zu lassen. Das hat natürlich seinen Preis: nicht unter 700 DM – das billigste Zimmer! *Grand Hotel Villa d'Este, 7 Suiten, 111 Zi., Dez.–Feb. geschl., Tel. 031/34 81, Fax 34 88 44, Kategorie 1*

Lago Maggiore (B 2-3)

Der Name besitzt magischen Klang und verkörpert alles, was *bella Italia* ausmacht. Subtropische Vegetation, azurblaues Wasser, blutrote Sonnenuntergänge. Allerdings treffen diese Klischees am ehesten auf den nördlichen und westlichen Teil des Sees zu, den sich Schweiz und Piemont teilen. Das lombardische Ostufer ist landschaftlich und klimatisch unterlegen. Dennoch hat der Lago Maggiore (216 qkm, 66 km lang, 11 km breit an der breitesten Stelle, maximale Tiefe 372 m) auch an der weniger spektakulären Seite seine Reize. Und die Tatsache, daß hier die mondänen Orte fehlen, hält die Preise erfreulich niedrig.

Der See ist an der Halbinsel bei *Angera* am schmalsten: nur 2 km breit. Arona am gegenüberliegenden Ufer scheint zum Greifen nah. Angera ist in sanfte Hü-gel gebettet und wird von einer zinnengekrönten Burg überragt, der ◀▶ *Rocca Borromea (tgl. 9.30 bis 12.30 und 14.30–18, Juli und Aug. 15–19 Uhr).* Zwischen dem 13. und 15. Jh. gehörte sie den Visconti. Ihr höchster Wachturm ist 30 m hoch. Schon vorher hatten Römer und Langobarden den Felsen, auf dem die Burg steht, als Befestigungsanlage genutzt.

Schon zur Region Piemont gehört *Arona* (17 000 Ew.). Die Uferpromenade der am südlichen Lago Maggiore gelegenen Stadt mit bedeutender Wirtschaftskraft ist eine der schönsten am See. Wer am Stadtrand auf einer Anhöhe die mit ihrem Sockel 35 m hohe ◀▶ *Statue* von Carlo Borromeo im Inneren besteigt, hat durch die Augen der Statue einen grandiosen Ausblick auf den See und das Varesotto. Der dem Mailänder Adel entstammende katholische Fanatiker bekämpfte im 16. Jh. den Protestantismus. Im *Museo Archeologico (tgl. 9.30–12 und 14.30 bis 17.30 Uhr, 6 000 Lit, P. S. Graziano)* ist die weit zurückreichende Siedlungsgeschichte dokumentiert. Eine akzeptable Unterkunft ist das *Hotel Giardino (55 Zi., Corso della Repubblica 1, Tel. 0322/459 94, Fax 24 94 01, Kategorie 3).* Gut speisen läßt es sich in der *Trattoria Campagna (Mo geschl., V. Vergante 12, Tel. 0322/572 94, Kategorie 3).*

Cerro ist ein eher ärmlicher Ort, besitzt jedoch den arkadengeschmückten ==Palazzo Perabò,== in dem die schönsten Stücke aus der über hundertjährigen Keramikfabrikation des nahen Laveno ausgestellt sind. Zu ihm hinauf führt eine Freitreppe, wie sie einst jeden wahren Herrensitz auszeichnete.

Wer auf den flachen, in Steine aus Gneis gefaßten und grasüberwucherten Stufen am Aufgang zur Seeseite des Palastes sitzt, dem wird die Zeit abhanden kommen *(Museo della Ceramica, tgl. 14.30 bis 17.30, Juli und Aug. 15.30–18.30 Uhr, 500 Lit).*

Luino, der Ort an der Mündung des Tresa-Flusses, zehrt von dem Ruhm, Heimatstadt des lombardischen Renaissancemalers Bernardino Luini (1490 bis 1532) zu sein. Er schenkte der Kirche *Madonna del Carmine* und der Friedhofskirche *S. Pietro* ihre Fresken. Jeden Mittwoch findet ein seit sieben Jahrhunderten beliebter *Markt* mit mehr als 400 Ständen statt.

Lecco (D 3)

Die sympathische Stadt (55 000 Ew.) an einer wunderschönen Bucht und von einem Kranz schützender Berge umgeben steht im Schatten Comos. Sie bewacht den östlichen Arm des Lago di Como und ist Schauplatz eines der bekanntesten Romane Italiens: »Die Verlobten« (»I promessi sposi«). Die schmachtende Love-Story von Renzo und Lucia geht – im Gegensatz zu der Romeos und Julias – mit einem Happy-End aus. Geschrieben hat sie Alessandro Manzoni (1785 bis 1873), einer der Begründer der italienischen Hochsprache. Das Standbild Manzonis ist 2,80 m hoch und besitzt ein Hochrelief, auf dem Sequenzen seines berühmten literarischen Werkes dargestellt sind. Im *Wohnhaus* des Schriftstellers wurde eigens ein Museum eingerichtet *(Museo Civico Villa Manzoni, Di–Sa 10–13 und 14.30–17.30, So 10–13 Uhr, 6 000 Lit, V. Guanella 1).*

Vallassina (D 3)

Eine weiße Ziellinie und eine kleine Kirche markieren die Paßhöhe zur Vallassina, zum Tal von Asso 20 km östlich von Como. Ein »Wallfahrtsort« für wadenstarke Steigungsspezialisten. Das *Il Griso* vereint zwei Vorteile: Als Hotel bietet es einen Panoramablick, als Restaurant eine außerordentlich hohe Küchenqualität *(45 Zi., V. Provinciale 51, Tel. 0341/20 20 40, Weihnachten–Mitte Jan. geschl., Kategorie 2).* Das Kirchlein entpuppt sich als religiöser Ruhmestempel des Radsports. Wände, Nischen und Altäre sind bedeckt mit Trophäen, Wimpeln, Hemden und Fahrrädern dankbarer Sieger von Radrennen, darunter Weltmeister wie Eddi Merckx und Gianni Bugno.

Varenna (D 2)

★ Das Städtchen (800 Ew.) an der Stelle, wo der See mit 4,5 km am breitesten ist, hängt am steilen Ufer, die Promenade ist im Felsenufer verankert. Schöne Gäßchen, steile Treppen und zwei Villen, die zu den interessantesten am See gehören: Die *Villa Monastero* stammt aus dem 13. Jh. und ist heute Sitz des Hydrobiologischen Instituts. Der Terrassengarten ist sehenswert, die verspielten architektonischen Elemente – Säulen, Balustraden, Tempelchen, Statuen – ebenso. Hoch über dem Wasser thront die *Villa Cipressi,* ein Komplex aus Gebäuden und Gartenanlagen, zwischen 1400 und 1800 entstanden. 1980 erwarb die Gemeinde das Anwesen und machte daraus ein Kulturzentrum. Ein Teil der Villa Cipressi wird als Hotel genutzt, eingebettet in einen botanischen Garten mit abgestuften Terrassen. *40 Zi., behindertengerecht, Tel. 0341/83 01 13, Fax 83 04 01, Kategorie 2*

Varese (B–C 3)

Provinzhauptstadt (90 000 Ew.) mit schönen Altstadtgassen rund um den *Corso Matteotti*. Auf den Gipfel des *Sacro Monte* im Nordwesten der Stadt führt ein 2 km langer, kopfsteingepflasterter Wallfahrtsweg. Der *Lago di Varese* (8,5 km lang, 4,5 km breit, größte Tiefe 26 m) ist an vielen Uferpartien versumpft. Über ihm steht mit dem *Campo dei Fiori* (1 226 m) die höchste Erhebung des Varesotto. Bestes Restaurant vor Ort ist das *Lago Maggiore* (So und Mo-Mittag sowie im Juli geschl., V. Carrobbio 19, Tel. 0332/23 11 83, Kategorie 1). Sehr gute Fischgerichte, hausgemachte Süßspeisen und ein üppiger Weinkeller.

MENAGGIO

(D 2) Der auf einer Landzunge gelegene Ort (3 200 Ew.) ist ökonomisches und touristisches Zentrum des westlichen Teils des Lago di Como, kunstgeschichtlich aber von minderer Bedeutung. Dennoch werden historischer Ortskern und blumengeschmückte Promenade als bezaubernd empfunden.

RESTAURANTS

Meneghet
Das historische Haus in der Altstadt hinter der Kirche, am Weg zum *Castello*, bietet solide lombardische Küche. *V. C. da Castello 9, Tel. 0344/320 82, Kategorie 2*

Da Paolino
Das gemütliche *ristorante* im Hotel Corona ist ein Familienbetrieb, es geht herzlich zu. Auf der hübschen Terrasse werden unter Weinlaub köstliche Nudelgerichte serviert, reichhaltige Salate und offener Wein. *Largo Cavour 4, Tel. 0344/323 35, Kategorie 2–3*

EINKAUFEN

Bulli & Pupe
Anspruchsvolle Lederwaren und Schuhe in hoher Qualität und modernem Design. *V. Caronti 6*

Decio
Innenausstattungsgeschäft mit Kleinmöbeln, erstklassigen Möbelstoffen und Tapeten. *V. Lusardi 22 und (Ausstellungsraum) 42*

ÜBERNACHTUNG

Alpino
Einfaches Haus, etwas versteckt in einer Altstadtgasse, mit preiswerter, hauseigener Pizzeria. *7 Zi., V. IV Novembre 38, Tel. 0344/320 82, Kategorie 3*

Bellavista
Großer alter Kasten am Yachthafen mit Speiseterrasse. *46 Zi., V. IV Novembre 21, Tel. 0344/321 36, Fax 317 93, Kategorie 2–3*

Camping Lido
Platz im nördlichen Ortsbereich. Der Swimmingpool des nahe gelegenen Strandbads Lido Giardino kann benutzt werden. *V. Roma 4, Tel. 0344/311 50*

Grand Hotel Menaggio
Neben allem möglichen Komfort ist die noble Herberge auch behindertengerecht und besitzt ein ausgezeichnetes Restaurant. *49 Zi., V. IV Novembre 69, Tel. 0344/326 40, Fax 306 19, Kategorie 1*

Bellagio: Wer im Park der Villa Melzi turtelt, hat illustre Vorgänger

La Primula

Preiswertes Jugendhotel in einem der schönsten Seeorte Norditaliens. *50 Betten, V. IV Novembre 86, Tel. und Fax 0344/ 323 56, Kategorie 3*

SPORT

Golf

Golfclub Menaggio e Cadenabbia vor den Toren der Stadt in *Grandola ed Uniti. Tel. 0344/321 03*

Reiten

Mietpferde im Reiterhof *Centro Ippico la Torre,* auch Tages- und Halbtagesausflüge zu Pferde. *Im Stadtteil Loveno, an der Straße nach Porlezza, Tel. 0344/370 04*

Wandern

Der womöglich schönste ★ Wanderweg der Gegend führt von Mezzegra über Bonzanigo nach Viano: ein uralter, gepflasterter Fußpfad durch steingraue Dörfchen mit der eigenartigen Aura der Zeitlosigkeit, vorbei an weltvergessenen Weilern und Waschhäusern, in denen immer noch Frauen arbeiten, und an der Villa Brentano vorüber, die in der kleinbäuerlichen Gegend völlig deplaziert wirkt.

Wassersport

Centro Nautico Boat Service, V. Cipressi, Tel. 0344/310 03

AUSKUNFT

APT

P. Garibaldi 8, Tel. 0344/329 24, Mo–Sa 9.30–12.30 und 14.30 bis 18.30 Uhr

Schiffsverkehr

Navigazione Lago di Como, Tel. 0344/322 55

ZIELE IN DER UMGEBUNG

Argegno   (C 3)

Das Städtchen mit seiner hübschen Promenade ist Ausgangspunkt für Touren ins Intelvi-Tal. Viele Steinmetzen, die Baukunst und Bauplastik der Lombardei prägten, stammten von dort, weshalb sie auch *maestri intelvesi* genannt wurden. Unweit des Ortes beginnt die ↘ *Via dei Monti Lariani,* der Wanderweg der Comer-See-Berge. Er zieht sich 130 km lang in Kurven und Schleifen über dem Westufer entlang, in einer durchschnittlichen Höhe von 1 000 m. Von der Val Intelvi aus, dem Tal, das Comer und Luganer See verbindet, führt die Wanderung durch dichte Kastanien-, Buchen- und Eichenwälder, überschreitet die Baumgrenze und geht dann an Bergbauernhöfen und Almen vorbei. Immer wieder sind aus der Höhe Teile des blitzenden Lago di Como zu sehen.

Bellagio (D 2)

Der Ort (4000 Ew.) an der Spitze der Halbinsel zwischen den beiden südlichen Armen des Sees dürfte an Schönheit kaum noch zu überbieten sein und trägt deshalb den Titel Perle des Lario. Pracht und strategisch günstige Lage sind am besten zu erfassen, wenn man auf dem Seeweg übersetzt. Die überkommene Atmosphäre altmodisch-gediegener Eleganz wird in den Hotels und an der Uferpromenade bewahrt. Ein Hauch von Belle Époque liegt über der Versammlung klassizistischer Villen, aus der zwei herausragen. Die Geschichte der *Villa Serbelloni* begann mit Plinius und endete mit der Rockefeller Foundation, die sie für kulturelle Zwecke nutzt. Der Anblick des von Zypressen gerahmten Komplexes von der Seeseite aus führt

Auf der verwunschenen Isola Comacina, munkelt man, hausen Verwünschte …

bei Abendlicht zu temporärer Atemstockung. Renaissance und Klassizismus haben hier ein Bauwunder hinterlassen *(Führungen Di–So 11–16 Uhr)*. Die *Villa Melzi,* gebaut zu Beginn des 19. Jhs., bot im kleinen maurischen Tempel, versteckt in der imposanten Gartenanlage, dem Komponisten Franz Liszt und der Gräfin d'Agoult einen Ort für zärtliche Stunden. Der *Park* kann besichtigt werden *(Okt.–März 9–12.30 und 14.30–18, April–Sept. 9–18.30 Uhr, 5000 Lit)*. An der Uferpromenade entzücken breite Laubengänge und Traditionscafés, dahinter liegen in engen Treppengäßchen Boutiquen und Restaurants. Etwas außerhalb des Zentrums, an der Strada Statale per Como, hat *Silvio* schon Startenor Luciano Pavarotti und Bundeskanzler Kohl bewirtet – nur mit von ihm und seinem Sohn in der Frühe aus dem See geholten Fisch. Den beiden Leibesmächtigen soll es außerordentlich gemundet haben *(Di und im Jan./Feb. geschl., Tel. 031/95 03 22, Kategorie 1–2)*. Ein Fährschiff *(traghetto)* verbindet Bellagio mit Tremezzo. *Auskunft: Promobellagio, V. Mella 2, Tel. 031/ 95 15 55*

Isola Comacina   (C–D 2)

Dem kleinen, stillen und melancholischen Eiland sieht man seine historische Bedeutung nicht mehr an. Im Mittelalter stand hier eine Burg, um sie herum eine befestigte Stadt mit fünf Kirchen. Viele reiche Flüchtlinge suchten Zuflucht auf der Insel. 1169 wurde die Inselgemeinde von rächenden Comasken zerstört: Die Insulaner hatten zuvor Mailand bei der Zerstörung Comos unterstützt. Von der großen Vergangenheit sind nur die Ruinen der romanischen Basilika *S. Eufemia* übriggeblieben. Ein geheimnisvoller Fluch, heißt es, liegt seitdem über der Insel. Das weiß man in der *Locanda dell'Isola* auszunutzen. 1947 brachte eine englische Schriftstellerin den Wirt auf die Idee, jeden Abend dasselbe Menü zu kochen, und zum Schluß einen Kaffee »nach Räuberart« aus dem Kübel mit Feuerzauber. Der zipfelbemützte Wirt agiert bei dem Spektakel als Geisterbeschwörer. *Di und Nov. bis Feb. geschl., Tel. 0344/567 55, Kategorie 2*

Tremezzo   (D 2)

Wegen der überwältigenden Blütenpracht von Azaleen und Rhododendren wird die Riviera Tremezzina auch »Azaleenriviera« genannt. Vermutlich stehen hier und in Bellagio die schönsten Villen des Comer-See-Ufers. Die *Villa Carlotta* mit ihrem botanischen Park und der Skulpturensammlung und die *Villa la Quiete* gehören zum touristischen Pflichtprogramm. *Tgl. 9–18 Uhr, 6000 Lit*

Valsolda   (C 2)

Diese selbst in der Lombardei wenig bekannte Berglandschaft an der Grenze zum Tessin hat kleine Dörfer, die wie Adlerhorste an den Bergflanken hängen, vor allem ❁ *Castello, Oria* und *Puria*. Zu ihnen hinaufzuwandern lohnt sich wegen der ständig neuen, wunderschönen Ausblicke auf den von bewaldeten Bergen gerahmten See. Puria und Dasio sind durch Wanderwege verbunden mit dem Höhenweg zwischen Luganer und Comer See.

Großstadt mit Grandezza

Laufsteg der Reichen und Eitlen,
Tummelplatz der Künstler und Kreativen

Von den Goten verwüstet, von Barbarossa zerstört, von den Visconti und anderen Tyrannen ausgeplündert, erst von den Franzosen, dann den Österreichern in Schutt und Asche gelegt, von den Faschisten und den dunklen Handlangern der Mafia mißbraucht: Mailand (1,4 Mio. Ew.) ist mit allen fertig geworden und aus Wirren und Kämpfen gestärkt hervorgegangen. Italiens einzige Stadt mit kosmopolitischem Metropolencharakter ist eine würdige Siegerin.

BESICHTIGUNGEN

Brera-Viertel (E 8–9)

✿ ☂ Das ursprüngliche Künstlerviertel ist längst zur teuersten Wohngegend geworden – und hat sich doch seinen Charme erhalten. Das Straßentreiben ist lebhaft bis in die Nacht, in den Lokalen zeigen sich die *milanesi* von ihrer angenehmen Seite – *simpatico.*

Ein Bummel hoch oben auf dem Dach des Mailänder Doms wird auch eingefleischte Kunst- und Kirchenmuffel begeistern

Cimitero Monumentale (O)

Das 1866 als Friedhof gegründete Freiluftmuseum der lombardischen Bildhauerei in der Nähe des Bahnhofs Garibaldi übt starke Faszination durch den Skulpturenreichtum aus. Das lombardische Bürgertum schwelgte bei seinen Toten im typischen historischen Stilgemisch der Zeit. Auch Werke moderner Künstler stehen hier, und der Schriftsteller Alessandro Manzoni liegt auf dem Platz begraben. *April–Sept. tgl. 8–18, Okt.–März 8–17 Uhr, Piazzale Cimitero Monumentale*

Dom (F 10)

Santa Maria Nascente, Mailands Dom mit seinen Spitztürmchen, den üppigen Verzierungen, Knollen, Krabben und Ranken, mehr als 3000 Heiligenfiguren und allerlei anderen steinernen Gestalten, ist offiziell ein Gotteshaus, aber in Wirklichkeit einer der unterhaltsamsten Orte, der je von Kirchenbaumeistern geschaffen wurde. »In der Ferne scheint es, als sei er aus weißem Postpapier geschnitzelt, und in der Nähe erschrickt man, daß dieses Schnitzelwerk aus unwiderlegbarem Marmor besteht«, spöttelte Heinrich Heine. Der Dom, dessen Bauarbeiten 1386 begannen, ist wie in kaum einer anderen Metropole eindeutiger Mittelpunkt architektonischer Stadtentwicklung, aber auch des Gemeinwesens. Das Kuriosum, auf dessen 🔽 Dach sich wie zwischen Stalagmiten trefflich spazieren läßt, wobei der Aufgestiegene an smogfreien Tagen auch noch mit einem grandiosen Blick über die Stadt und die endlose Po-Ebene und die großartige Kulisse der Alpen belohnt wird, ist mehr als jedes andere hochfahrende lombardische Bauwerk ein Symbol für den Aufstieg der Region.

Galleria Vittorio Emanuele II (E10)

★ ❂ ☀ Der Hauptgang ist 196 m lang, 14,5 m breit und 32 m hoch. In der Glaskuppel, Durchmesser 40 m, kreuzen sich die vier Arme der Galleria. Darunter sind in vier großen Fußbodenmosaiken die Wappen der vier führenden italienischen Städte nachgebildet: Rom, Florenz, Turin, Mailand. Das imposante Bauwerk trägt den Namen des Monarchen, der Italien einigte. Die Galleria steht

unter besonderem städtischen Schutz, weshalb sich die wunderbaren kleinen Läden und Buchhandlungen noch halten können. In der Bar Camparino waren Verdi und Puccini Stammgäste. Giuseppe Mengoni baute dieses Ensemble aus Stein, Stahl und Glas von 1865 bis 1877. Seitdem ist es Mailands Salon, in dem Großfamilien wochenends herumspazieren.

Gärten und Parks

Mailand ist in der Horizontalen eine graue Stadt, selbst den Alleen fehlen Bäume. Doch der Blick nach oben erfaßt das wuchernde Grün auf Balkonen und Dächern: Steinwüste mit Dachgärten. Auch am Boden gibt es mehr Grün, als zu vermuten ist. Die *Giardini di Villa Reale* (**G 8**), 1790 von Leopold Pollak für die Familie Belgioioso entworfen, sind immer voller Kinder, die auf sauberen Wiesen toben, denn Hunde müssen draußen bleiben *(tgl. 7–21 Uhr im Sommer, bis 16.30 Uhr im Winterhalbjahr, V. Palestro 16)*. Die *Giardini Pubblici* (**G 7-8**) gegenüber stammen von

Scala-Baumeister Giuseppe Piermarini (1782). Der »Hauspark« der Mailänder besitzt Spielanlagen, einen kleinen *Zoo (6 000 Lit)* und eine Joghurtbar *(tgl. 7 bis 23 Uhr im Sommer, 6.30–16.30 Uhr im Winterhalbjahr, V. Palestro/Bastioni di Porta Venezia).* Der *Parco Sempione* (**B–D 7–8**) ist öffentlicher Park seit 1893. Darin befinden sich der Palazzo dell'Arte, ein Stahlturm und das Denkmal für Napoleon III., der gemeinsam mit dem Piemontesen Viktor Emanuel die Habsburger aus Mailand verjagte. Dazu ein *Aquarium (Di–Fr und So 9–12 und 14–17 Uhr),* ein angeblich heilendes Wasser spendender Brunnen, an dem sich Nierenkranke den Schwefeltrank *acqua marcia* abfüllen, und eine Eisenbahn für Kinder (*V. Gadio/V. Emilio Alemagna/P. Sempione).*

Magazzini Cappellini (F 9)

Neueröffnete Adresse für Designfreaks in einem säulengeschmückten Innenhof der V. Monte Napoleone 27. Mehr im Programm als ein Geschäft. Designklassiker sind kombiniert mit Ethno-Look. Die Objekte des jungen Giulio Cappellini wollen Gefühle erwecken und nicht nur Gegenstände zum Anschauen sein, der unbekümmerte Stilmixer will mit Design Märchen erzählen. *Mo–Sa 10–19 Uhr*

Santa Maria delle Grazie (B 10)

Mailands größter Kunstschatz in der Frührenaissancekirche des ehemaligen Klosters, Leonardo da Vincis Fresko »Das Abendmahl«, kann nach Abschluß der 1976 begonnenen Restaurierung wieder besichtigt werden. Die Besucher werden durch zwei hermetisch voneinander getrennte Räume geschleust, die mit staubbindenden Spezialteppichen ausgelegt sind. In den Kammern wird die Luft zusätzlich gefiltert und von Ausdünstungen gereinigt. Diese Prozedur ist notwendig geworden, weil da Vinci in den Jahren der Arbeit an diesem Werk (1495–97) im Gegensatz zu Michelangelo nicht *a fresco* (auf den frischen Putz), sondern direkt auf die Wand gemalt hat. Bisher wurden abgeblätterte Teile einfach wieder angeklebt, was die Farbe verfälschte. Jetzt sind auch die Spuren früherer Instandsetzungen beseitigt. *Di–So 8–13.45 Uhr, 12 000 Lit, P. S. Maria delle Grazie*

Stadtrundfahrt (E 10)

Die dreistündige Rundtour des Busunternehmens Autostradale berührt alle Sehenswürdigkeiten *(Abfahrt Di–Sa 9 und 14.30 Uhr vor dem Palazzo del Turismo am Dom, Mo, So und an Feiertagen nur eine Tour um 10 Uhr; der Preis von 50 000 Lit schließt Eintrittskarten und die deutschsprachige Führung ein).* Ganz andere Stadtrundfahrten ermöglichen die Straßenbahnlinien 29 und 30. Mit einem Ticket für 3500 Lit geht es über den Circonvallazione-Ring ums Zentrum herum.

Stazione Centrale (O)

★ Wie aus einem Felsen geschlagen, der bei der Erschaffung dieser brettflachen Ebene aus unerklärlichen Gründen hierhergeriet, erhebt sich der Mailänder Hauptbahnhof. Lange war er Kathedrale des Fortschritts, auftrumpfendes Monument der technischen Zivilisation, aber auch Ort der Romantik. Wo einst

Orientexpreß und *train bleu* unter Dampf standen, warten heute moderne Züge. »Schaut sie euch an, diese Steinmassen, diese Mauern so hoch wie Gebirge, diese Gewölbe, so weit droben wie Wolken, dieses Eisen, diesen Rauch, diese Lampen«, schreibt die große alte Schriftstellerin Anna Maria Ortese in ihrem empfehlenswerten Buch »Stazione Centrale«. Es gibt nur wenige Bahnhöfe auf der Welt, die so sehr Bewegung und Transformation verkörpern. Der einzelne Mensch geht unter in diesem riesigen Gebäude, verliert sich in der Masse. Wieviel Trauer, Schmerz und Vergeblichkeit sind an diesen Mauern widergehallt, aber auch wieviel Hoffnung und Freude. Die großen Einwanderungsströme aus dem Süden gingen über diesen Bahnhof. Ein faszinierender Ort, trotz seiner monumentalen Düsternis. Auf dem Platz vor dem Zentraleingang versammelt sich die Menge der Arbeitssuchenden aus Dritte-Welt-Ländern, er ist auch ein Drogenumschlagplatz, und rings um den Bahnhof hat sich der Straßenstrich ein Revier erobert. Beim Anblick ineinander verschobener und verkeilter Menschenmassen ist gerade hier zu begreifen, warum Mailand die »italienische Hauptstadt der Arbeit« genannt wird.

MUSEEN

Castello Sforzesco (D 9)
★ Das Ziegelgebirge ist nur noch die Hülle der gewaltigen Burganlage aus dem 14. Jh., des ehemaligen Sitzes der Visconti und Sforza. Ein veritables Labyrinth mit idyllischen, romantischen und gruseligen Zutaten, mit schmalen Steintreppen, gefährlich anmutenden Holzstegen und eisernen Wendelstiegen. Die städtischen Kunstsammlungen sind in mehreren Museen untergebracht. Eine außergewöhnliche Kostbarkeit ist die unvollendete *Pietà Rondanini* von Michelangelo, ein vom nahen Tod des Künstlers mitgestalteter Torso, im *Saal XV* des *Civico Museo d'Arte Antica del Castello. Di–So 9.30 bis 12.15 und 14.30–17.15 Uhr, kein Eintritt, P. Castello*

Museo Archeologico (C 10)
Beachtenswerte Funde aus frühhistorischer und antiker Zeit sind hier anschaulich dargeboten. Darunter ein weltberühmtes Geheimnis: die *tazza diatreta,* ein Glasgefäß aus dem 4. Jh. Die Herkunft dieses von einer bunten Netzarbeit überzogenen Stückes ist bis heute ungeklärt. Im kleinen Hof vor der Eingangstür liegt ein riesiger Weihstein aus der Valcamonica mit Inschriften aus der späten Bronzezeit oder dem Anfang der Eisenzeit. Der mächtige Torso des Herkules jagt mancher weiblichen Besucherin wohlige Schauer über den Rücken, während selbst bodybuildinggestählte Männer neidisch werden. Einige der archäologischen Stücke schenkte Israel der Stadt Mailand. Eine Rarität ist der Gipsabguß mit der Inschrift Pontius Pilatus. Architekturfragmente aus der römischen Zeit nehmen den größten Raum in diesem lohnenden Museum ein. *Di–So 9.30–17.30 Uhr, 6 000 Lit, Corso Magenta 15*

Museo Poldi-Pezzoli (F 9)
Bei einer Umfrage schnitt es als beliebtestes Museum der Mailän-

der ab. Die wertvolle Privatsammlung in einem Palazzo des 18. Jhs. zeigt neben Gemälden u. a. von Botticelli und Perugino – besonders schön: das Frauenprofil von Antonio del Pollaiolo – auch antike Uhren, Juwelen und Möbel. Graf Pezzoli vermachte seinen Palast mit 22 kleinen Sälen testamentarisch der Stadt Mailand – und hat nun davon, daß er seitdem als einer der größten Mäzene des Landes gilt. *Di–Fr 9.30–12.30 und 14.30–18, Sa 9.30 bis 19.30, So 9.30–12.30 Uhr, 6 000 Lit, V. Manzoni 12*

Castello Sforzesco: Die mächtige Anlage birgt weltberühmte Kunstwerke

Pinacoteca di Brera: in fast 50 Sälen mehr als 500 Exponate

Museo Teatrale alla Scala (E 9)

Das Theatermuseum eines der leistungsfähigsten und höchstdotierten Opernhäuser der Welt hat den Vorteil, daß man einen Blick in die 1776–78 erbaute Oper werfen darf, wenn man schon nicht zu den 2 800 Zuschauern gehört, die allabendlich in den Saal dürfen. Die Hochburg italienischer Tonkunst, Europas größtes Theater, schwelgt in blutrotem Samt, Elfenbein und goldverzierten Kronleuchtern. Vorher kann man sich Masken, seltene Bücher und zwei Klaviere Giuseppe Verdis anschauen. *Tgl. 9.30–12.30 und 14.30–18 Uhr, 6 000 Lit, P. Scala*

Pinacoteca di Brera (E 8)

Ein wunderschöner, reicher Gemäldehort mit seinem Hauptwerk, dem aufgebahrten Christus von Andrea Mantegna. Der Filmemacher Pier Paolo Pasolini hat sich in vielen Kameraeinstellungen an diesem Bild orientiert. Das kurioseste Werk steht im Innenhof vor der Eingangstreppe: der nackte, bronzene Napoleon von Antonio Canova, dem Apoll nachempfunden. Als Gott der Schönheit wirkt der kleinwüchsige Kaiser höchst merkwürdig.

Die imperiale Größe Napoleons ist hier bis ins Lächerliche reduziert – Rache an einem Eroberer. *Di–Sa 9–17.30, So 9–12.30 Uhr, 6000 Lit, V. Brera 28*

RESTAURANTS

Antica Trattoria della Pesa (O)

Dunkle Holzvertäfelung, massive Tische, eine schwere Kredenz als Vorspeisenbuffet: Das ist das letzte Restaurant der Stadt, das seit seinem Bestehen nicht verändert wurde und seit eh und je unverfälschte Mailänder Küche serviert. *So geschl., Viale Pasubio 10, Tel. 02/655 57 41, Kategorie 2*

Bice (F 9)

Die toskanische Wirtin ist Wahlmailänderin und erfreut sich des gelegentlichen Besuchs von Armani. Sie achtet darauf, daß nie der beliebte *stracotto di manzo* (zarter Rinderschmorbraten) auf der Speisekarte fehlt. *Di-Mittag und Mo geschl., V. Borgospesso 12, Tel. 02/ 70 25 72, Kategorie 2*

Boeucc (F 9)

✪ Im 200 Jahre alten, großen Schlemmerlokal mit eleganter Atmosphäre gönnen sich Mailänder ihr Leibgericht: *ossobuco con risotto alla milanese* (Kalbshaxe mit Safranreis). *So–Mittag, Sa und im Aug. geschl., P. Belgioioso 2, Tel. 02/76 02 02 24, Kategorie 1–2*

Casa Fontana (O)

Ein Lokal für Reisliebhaber. Über 20 *risotti*. Signor Fontana bevorzugt *risotto alla Giuseppe Verdi* (mit Spargeln, Pilzen und Schinken). *Sa–Mittag, Mo und im Aug. geschl., P. Carbonari 5, Tel. 02/670 47 10, Kategorie 2*

Don Lisander (F 9)

Schöner, überdachter Innenhof, wunderbarer Blick durch das schmiedeeiserne Tor auf den Garten mit alten Statuen. Die Küche verheißt *specialità lombarde.* Reservieren ist ratsam. *So, Ende Dez./Anfang Jan. und im Aug. geschl., V. Manzoni 12a, Tel. 02/76 02 01 30, Kategorie 1–2*

Girasole (B 9)

Vegetarisches Restaurant mit Selbstbedienung. *Sa–Abend, So und im Aug. geschl., V. Vincenzo Monti 32, Tel. 02/43 52 63, Kategorie 2–3*

Latteria San Marco (E 8)

Gepflegtes Kachelambiente im »alten« Mailand. Die Küche des Ehepaars Maggi steht bei den Einheimischen in gutem Ruf. *Sa und So geschl., V. San Marco 22/24, Tel. 02/659 76 53, Kategorie 2–3*

Al Matarel (D 8)

Speisekarten hat die Trattoria nicht, aber Signora Elides Kochkunst ist stadtberühmt. Beste Hausmannskost, z. B. Polenta mit Steinpilzen. *Di, Mi-Mittag und im Juli geschl., Corso Garibaldi 75, Tel. 02/65 42 04, Kategorie 2*

Osteria del Binari (O)

Altmailänder Lokal von nobler Boheme. Umrahmt sind die Tische von Bücherregalen und Pflanzen. Nicht nur die *panzerotti alla vicentina* (mit Ricotta und Spinat gratinierte Teigröllchen) sind ein Genuß. *So und tgl. mittags sowie im Aug. geschl., V. Tortona 1, Tel. 02/89 40 94 28, Kategorie 2*

Osteria dell'Operetta (D 12)

Für viele Mailänder nach dem Theater ein Muß. Köstliche Antipasti. *Tgl. 20–0.30 Uhr, Corso di Porta Ticinese 70, Tel. 02/837 51 20, Kategorie 2*

Osteria del Treno (H 7)

Chefin Anna ist Antipasti-Spezialistin und sorgt für eine familiäre Atmosphäre. Die Mailänder lieben sie dafür. Mehrere Dutzend Sorten Schinken, Aufschnitt und Wurst aus allen Regionen Italiens. *So–Mittag, Sa und im Aug. geschl., V. San Gregorio 46, Tel. 02/670 04 79, Kategorie 2–3*

Ristorante Piemontese (F 11)

Trattoria nahe der Universität in einem ehemaligen Haus der Hausbesetzerszene. Lockere Atmosphäre, erfreuliche Preise. *So geschl., V. Laghetto 12, Tel. 02/78 46 18, Kategorie 3*

Rigolo (E 7–8)

Edeltrattoria im Herzen von Brera. An das ausgezeichnete Vorspeisenbuffet schließen nicht alltägliche Gerichte wie *pasta con bottarga* (Nudeln mit Thunfischrogen) und *Tagliatelle Robespierre* (kurz übergrilltes Carpaccio) an. Im Herbst stehen frische Trüffeln auf der Speisekarte. *Mo und im Aug. geschl., V. Solferino 11, Tel. 02/86 46 32 20, Kategorie 2*

Sadler Osteria di Porta Cicca (O)

Claudio Sadler, Wirt des eleganten Lokals, gilt derzeit als kreativster Koch Mailands. Hervorragende Weinauswahl. *So und tgl. mittags sowie im Aug. geschl., Via Troilo 14, Tel. 02/58 10 44 51, Kategorie 1*

Il Sambuco (O)

☀ Familienbetrieb mit Michelin-Stern im Hotel Hermitage. Köstlich: Calamarisuppe mit Spargel, mit *branzino* (Seebarsch) und Schafskäse gefüllte Ravioli, Scampi-Risotto und manches mehr. Unbedingt reservieren! *Sa-Mittag, So und im Aug. geschl., V. Messina 10, Tel. 02/33 61 03 33, Kategorie 2*

Torre di Pisa (E 8)

Toskanische Küche vom Feinsten, dazu preiswert – deshalb immer großer Andrang. Reservierung ratsam. *Sa-Mittag und So geschl., V. Fiori Chiari 21, Tel. 02/87 48 77, Kategorie 2*

Trattoria Toscana (D 12)

☀ Spaghetti nach Fischerinnenart, Gnocchi mit Ricotta. Küchenchefin Lolita versteht ihr Handwerk. Mittags nur Bistrobetrieb, dafür werden dann nach Mitternacht CDs aufgelegt – bis 3 Uhr früh. *Mo geschl., Corso di Porta Ticinese 58, Tel. 02/89 40 62 92, Kategorie 2*

CAFÉS UND EISDIELEN

Caffè Cova (F 9)

In diesem schon 1841 eröffneten Kaffeehaus finden sich Reiche und Schöne nach dem Einkauf im Goldenen Dreieck zu Tee und Sachertorte ein. *So geschl., V. Monte Napoleone 8*

Gelateria Ecologica Artigiana (D 12)

In der einzigen ökologischen Eisdiele der Stadt hat die Kugel einen stolzen Preis, aber die Bio-Garantie ist eingeschlossen, und nach dem Genießen leckt man sich noch lange die Finger. *Tgl., Corso di Porta Ticinese 40*

Caffè della Pusterla (C 12)

Gemütliche Atmosphäre, viele ausländische Zeitungen, samstags Häppchenbuffet. *Mo geschl., V. de Amicis 24*

Café Stendhal (E 8)

☀ ⚘ Am Tresen drängeln Werbeleute mit Damen aus der gesellschaftlichen Beletage. Ein turbulenter Szenetreff. *Mo geschl., V. Ancona, Ecke V. San Marco*

Radetzky Café (D–E 7)

Schöner Ort zum Frühstücken im Künstlerviertel Brera. Nachmittags nimmt man einen Aperitif und läßt das Jungvolk vorbeiflanieren. *So geschl., Corso Garibaldi 105*

EINKAUFEN

Antiquitäten

Der heißeste Tip für Schnäppchen ist der *mercatone dell'antiquariato sui navigli* (O) entlang des Naviglio Grande am letzten Sonntag im Monat. In den Antiquitätenläden der Innenstadt und des Viertels Sant'Ambrogio werden Möbel mit Echtheitszertifikat verkauft, doch die vielen Nullen auf den Preisschildchen sind für Normalverdiener eher abschreckend. Seltene, wirklich wertvolle – und sehr teure – Antiquitäten führt *Nella Longari* (F 9) in der *V. Bigli 15*.

Auto-Design (E 8)

Erste Adresse für Stil auf vier Rädern: Der kleine, aber feine *MD Show Room* im Brera-Viertel führt Autoaccessoires im unverwechselbaren Momo-Design. Lenkräder in Nußbaum oder Leder, Handschuhe, Sonnenbrillen und manches mehr. *V. Fiori Chiari, Ecke V. Brera*

Bioladen (F 7)

Kosmetika für Haut und Haare, Parfums aus Pflanzen und getrockneten Blüten, Bienenprodukte und Essenzen, Säfte und Weine aus biologischem Anbau, Biokost: All das finden Sie bei *Alimentari Naturali* in der *V. Appiani 15.*

Bücher

Hoepli (**F 10**), Italiens größte Buchhandlung, ist in Schweizer Händen. Sie finden sie in der *V. Hoepli 5. Il Polifilo* (**F 9**, *V. Borgonuovo 3*) ist ein Antiquariat mit Beständen aus aufgelösten Bibliotheken des 18. Jhs. Ein Hort schöner Kunstbücher ist *Centro Domus* (**F 9**, *V. G. Pisoni*). *Conti Borbone* (**C 10**, *Corso Magenta 31*) bindet seit 1873 Bücher – auf Wunsch in Samt, Seide, Leder oder Pappe. Ein Hochgenuß für Liebhaber bibliophiler Kostbarkeiten.

Design

Emporio (**O**, *V. Prina 11*) hat eine riesige Auswahl an Designerware. Lampen, Möbel und Objekte zu vernünftigen Preisen führt *Shed* (**O**) im *Viale Umbria 42.* Lombardisches Design für Wohn- und Eßzimmer, Bad und Küche gibt es unter anderem bei *Arflex* (**G 10**) in der *V. Durini 28,* ein paar Häuser weiter bei *Cassina* (**G 10**) in der *Nummer 18,* im *Corso*

Monforte 38 bei *Disegno* (**G 9–10**), natürlich im Goldenen Dreieck *(V. Monte Napoleone 3)* bei *Fontana Arte* (**F 9**), bei *Mobilia* (**F 9**) in der *V. Manzoni 30,* in der *V. Hoepli 30* bei *Arc Linae* (**F 10**) oder bei *Castoldi* (**F 9–10**) im *Corso Matteotti 22.* Die firmeneigene *Boutique von Alessi* (**F 10**) liegt am *Corso Matteotti 9c:* Hier gibt es die originalen Pfeifkessel und Zuckerdosen. Seit 1859 in Mailand ansässig, hat sich die Firma *Haas* (**F 9**) auf extravagantes Zubehör fürs ganze Haus spezialisiert. Kostbar sind auch Stoffe, Samt und Seide. Allein wegen der phantasievollen Dekorationen der Geschäftsräume lohnt sich der Besuch in der *V. P. Verri 6.*

Feinkost

Vielleicht der berühmteste ist *Peck* (**E 10**), *V. Spadari 9.* Hier gibt es den feinsten Parmaschinken, in der *Pescheria* gegenüber ausgezeichneten Fisch. *Parini* (**F 9**) ist eine Fundgrube für ausgefallene Süßigkeiten, Speisezugaben und Getränke in der *V. Borgospesso 1,* Mailands beste Wurst kaufen Sie in der *V. Monte Napoleone 12* bei *Salumaio* (**F 9**). Das *Emporio Eno-gastronomico Fratelli Solci* (**I 11**) in der *V. Morosini 19* bietet mehr als 1500 in- und ausländische Weine sowie große Auswahl an eingelegten Gemüsen und Pastasaucen.

Flohmarkt (O)

Samstag ist traditionell Markttag. Da bietet sich ein Bummel über den *Flohmarkt Fiera di Senigallia* an, wo neben Nützlichem auch Schräges und Lustiges zu bekommen ist: von der Afro-Trommel und der Kunsthaarperücke bis zur sowjetischen Armeeuhr. *8–18 Uhr, Viale D'Annunzio*

Fußball

Fremdgehende Ballfreunde staffiert der *Merchandise-Laden des AC Mailand* (**F 9**, *V. Pietro Veri*) mit Wimpeln, Regenschirmen, Videos, CDs und – das wichtigste – Tickets für die *partita* aus, das sonntägliche Spiel im Giuseppe-Meazza-Stadion.

Geschenke und Kurioses

In der *V. Monte Napoleone 9* finden Sie die Geschenkfundgrube für den Mann, *Lorenzi* (**F 9**). *Corso Como* (**O**, *Corso Como 10*) hat Kuriosa: Kerzen in Größe und Umfang von Couchtischen, Designerlampen für ein paar Millionen Lire, avantgardistische Kleidung für sie und ihn zu exorbitanten Preisen und jede Menge interessant gestylte Gadgets. Ein buntes, teilweise hochpreisiges Angebot für Leute, die originelle Mitbringsel suchen, hat High Tech (**O**, *P. XXV Aprile 12*).

Gipskunst (O)

So alt wie das Jahrhundert ist das Geschäft *Fumagalli & Dossi.* Hier kann jede(r) die Liebste oder den Liebsten nachbilden lassen – als Kunstwerk. Am beliebtesten sind aber Nachbildungen berühmter Kunstwerke, etwa der Venus. *Viale Montello 4 (im Hof)*

Haushaltswaren

Praktisches für Heim und Herd zu erstaunlich günstigen Preisen offeriert *Davide Collini* (**H 7**) am *Corso Buenos Aires 8.*

Hüte

Nur drei von zahlreichen Hutgeschäften: *Borsalino* (**F 10**), *Corso Vittorio Emanuele II 92; Multinelli* (**H 7**), *Corso Buenos Aires 5; Cabella Sud Ouest* (**G 10**), *P. S. Babila 4.*

Juwelier (O)

Pretiosen auf 1 200 qm: schwere Gliederketten und Armbänder, Ringe, in die Edelsteine wie rote Turmaline und bernsteinfarbene Madeira-Quarze eingearbeitet sind, Ketten mit Double-Face-Kreuzen aus Granaten: Die *Pomellato-Goldschmiede,* in der einst der Prêt-à-porter-Schmuck erfunden wurde, liegt in der *V. Vespri Siciliani.*

Kinder

Babystock (**O**), *V. Maestri Campionesi 17,* offeriert Topdesignerware für Kinder bis zwölf. *Cagnoni* (**O**) im *Corso Vercelli 38* hat zwei Stockwerke voll Spielzeug.

Konditoreien und Süßigkeiten

In Mailands ältester Konditorei, der *Pasticceria Marchesi* (**D 10**), wird die täglich frische Panettone nach einem mehr als 150 Jahre alten Rezept gebacken *(V. S. Maria alle Porta 13)*. Eine andere Traditionsadresse für Leckermäuler ist das Geschäft der *Fratelli Freni* (**F 10**, *Corso Vittorio Emanuele II*). 100 Prozent sizilianische Kalorienbomben, und bei Marzipanfrüchten geht der Perfektionismus so weit, die Madenlöcher mit einzuarbeiten. Die süßeste Neueröffnung der jüngsten Zeit ist *Moré* (**D 12**). All die schmelzenden Versuchungen, die Piemonteser Schokoladenkünstler seit Jahrhunderten für das Königshaus Savoyen (und dessen Untertanen) ersannen, gibt es hier im *Corso di Porta Ticinese 65.*

Krawatten (F 9)

In der *V. Pietro Verri 5* ein Krawattenpalast: *Cravatterie Nazionali* hat alles, womit sich Männer strangulieren.

Lederwaren

Bei Controtempo (**D 12**) sind Koffer, Taschen, Rucksäcke und Gürtel alle handgearbeitet (Corso di Porta Ticinese 53). Bei Mandarina Duck (**G 10**) gibt es dasselbe in Regenbogenfarben (Corso Europa, Ecke Galleria San Carlo).

Mode

Im Viertel zwischen Via Monte Napoleone, Via della Spiga und Via S. Andrea, dem Goldenen Dreieck (**F–G 9**, Triangolo d'Oro), wo ein berühmter Modename den anderen verdrängt, wird nicht nur eingekauft. Das ist auch ein Pflaster für Voyeure, zum Sehen und Gesehenwerden. Wohl kaum noch irgendwo auf der Welt werden Konsumsucht, Schickeriabedürfnis, anmutige Schönheit und monströse Geschmacklosigkeit auf solch engem Raum so demonstrativ zur Schau gestellt. Kaschmirkostüme, atemberaubende Abendroben, jüngste Designerkreationen und »Kleinigkeiten« aus Platin und Gold sind zu besichtigen. Man muß diesen Laufsteg der Reichen, Eitlen und ihrer modehungrigen Groupies gesehen haben, um die Weisheit des Märchens zu begreifen, das erzählt, wie Kleider Leute machen. Von hier aus verstreuen die Modeimperien dieser Stadt ihre Leitbilder – weltweit.

Was für meisterliche Dekorationen in den Schaufenstern, welcher Aufwand um ein einziges Kostüm, eine einzige Krawatte! Am schönsten ist der Gang durch die Gassen im zarten Morgenlicht, wenn alle Geschäfte noch geschlossen sind und die Häuser und Palazzi harmlos und verträumt aussehen. Apricotfarbene Häuserwände, verspielte Jugendstilfassaden, verschnörkelte Balkone mit grünem Efeu. Kaum zu glauben, daß hier jeden Tag Umsätze in Lira-Milliardenhöhe über die Marmortresen wandern.

Alberta Ferretti (V. Monte Napoleone 21) hält sich am Eingang zu ihrem Tempel mit grauem Stein bedeckt. Hier werden die smarte Linie für Geschäftsfrauen, aber auch hollywoodreife Paillettenkleider und fließende Abendanzüge in kühlen Sorbetfarben präsentiert. Anna Molinari verkauft in ihrem unkonventionell gestylten Laden Blumarine (V. della Spiga 2) perlenbestickte Bodys, romantische Rüschenröcke und hauchzarte Straßkleider. Hinter dem Namen Byblos (V. Senato 35) verbirgt sich ein britisches Designerduo, das ganz auf lässige, unkomplizierte Mode setzt: bunte Seidenjacketts für sie, witzige Baumwollstrickpullis für ihn. Cerruti 1881 (V. G. Vittorio 8) hat Mode für den Geschäftsmann – Understatement und nur vom Feinsten. Die Damenkollektionen sind weiblich und sexy. Dolce & Gabbana (V. S. Andrea 10b) gibt sich schlicht, nur die Abendgarderoben, der Muse Anna Magnani gewidmet, glitzern unverschämt. Franco Moschino (V. S. Andrea 12) bedient mit seinen Labels – der Couture-Kollektion, Cheap & Chic, Jeans, Taschen und Schmuck – junge Leute und Exzentriker. Gianfranco Ferré (V. della Spiga 11) ist Mailands schwergewichtiger Modezar: super sophisticated und mit präzisen Schnitten für beide Geschlechter. Gianni Versace (V. della Spiga 4) zielt auf die Femme fatale und nimmt für seine Abendroben Preise, die selbst seine Stammkundin Joan Collins verblüfft haben. Itokin (V. della Spiga 2) zeigt japanische Mode in zurückhaltendem Ambiente. *Jean-Paul Gaultier (V. della Spiga 20)* hält nichts von Zurückhaltung. Der zweistöckige Shop des Enfant terrible ist so eigenwillig wie seine Kreationen. *Michelle Mabelle (V. della Spiga 36)* provoziert die Ästhetiker mit kaputtem Schaufensterglas, rußigen Rohren, flirrenden Neonröhren und einer Mode, die selbst für Mailänder shocking ist. *Prada (V. della Spiga 1–5)* präsentiert sich im lindgrün gestrichenen Geschäft als Inbegriff von Qualität und Luxus. Seine Taschen und Schuhe führen die Hitliste der Accessoires an.

Aber auch außerhalb des Goldenen Dreiecks gibt es natürlich Modegeschäfte – und zudem erschwinglicher. *Baule* (**D 12**), *V. Vetere 12,* hat verrückte Klamotten zu kleinen Preisen. Massenhaft Modegeschäfte wie im Goldenen Dreieck, aber mit viel günstigeren Preisen, reihen sich im *Corso Buenos Aires* (**H–I 7**) aneinander. Eher hochpreisige Mode für die ganze Familie führt *Enrico Coveri* (**F 9–10**), *V. S. Pietro all'Orto 12.* *Fiorucci* (**F 10**) ist eine nette Boutique mit Mode und allerlei Kuriosa in der *Galleria Passerella 2* am Corso Vittorio Emanuele II. Ein Muß für alle, die sich gern in Leder oder Wildleder kleiden, ist *Piragino* (**E 11**) in der *V. Torino 50. Soldati* (**C 11**) in der *V. Ausonio 14* bietet Designerklamotten zum halben Preis. Der *USA Shop* (**D 11**), *V. S. Maurilio 2,* lagert Berge von Secondhandkleidung und alten Accessoires. *Vestistock* (**O**) hat schicke Reste aus Edelboutiken, jedoch nicht unbedingt günstig *(Viale Romagna 19).* Fahnenflüchtige Designer von Romeo Gigli bieten in einem winzigen Laden (*Atelier im Corso Garibaldi* 60,

D–E 7) ihre eigenen Kreationen an: schicke Westen, bunte Hemden, schräge Boxershorts oder ausgefallene Pantoffeln.

Möbel

In der *V. Manzoni 11* finden Sie ein extravagantes, prunkvolles Einrichtungshaus mit hocheleganten und überkandidelten Stühlen und Sitzen: *Sawaya & Moroni* (**F 9**). *De Padova* (**G 9**) hat auf mehreren Etagen im *Corso Venezia 14* Möbel in kühlem, klarem Design zu Preisen, die kauflustig machen.

Parfüm

In einer der schönsten Mailänder Straßen, der *V. Amedei (Nr. 11),* residiert die elegante *Profumeria Mario Galli* (**E 11**) mit einer Riesenauswahl an Kosmetika zu günstigen Preisen. Schöne Geschenkartikel: Seide, Badesalze, Essenzen. Ins Reich der Flakons führt die Tür des Hauses *V. Brera 6,* zu *Profumo* (**E 9**): Die Palette der versammelten Essenzen und Aromen ist enorm, die Wahl zwischen Raffiniertem, Sinnlichem und schwer Betörendem fällt nicht leicht.

Schmuck

Ausgefallene Schmuckkreationen führt *Donatelli Pellini* (**D 10**) in der *V. S. Maria alle Porta 13. Sharra Pagano* (**G 9**), *V. della Spiga 7,* offeriert bombastischen Modeschmuck. *L'Oro dei Farlocchi* (**E 9**) ist die beste Adresse für neuen Schmuck, der alt aussieht. Die ungewöhnlichen Stücke und Unikate sind nicht überteuert *(V. Madonnina 5).*

Schnäppchentour

Norditalien, vor allem der Speckgürtel um Mailand, ist ein gutes Revier für Schnäppchenjäger. Man frage: »Avete uno spaccio?«

Wird leicht zum Bermudadreieck für Lirescheine: das »Goldene Dreieck«

(»Haben Sie Direktverkauf?«) Lautet die Antwort: »Sí, naturalmente!« oder wird auf *occasioni* (Sonderangebote) hingewiesen, heißt es zugreifen – hier wird Teures und Edles weit unter Ladenpreis angeboten.

Wer die Mailänder Autobahn in Richtung *laghi* (Seen) nimmt und über die Ausfahrt Lainate nach Messiamo fährt, kommt nach *Parabiago* (**C 4**), wo die *Fratelli Rossetti* in der *V. Cantù Mo 14–18.30 und Di–Sa 9–18.30 Uhr* hochwertige Schuhe, Ledergürtel und Taschen verkaufen; Kenner kommen zu den Schlußverkäufen im Januar und Juli. Ebenfalls nördlich von Mailand in Richtung Varese gelangen Süßmäuler in *Saronno* (**C 4**) zur *Rotonda Lazzaroni (V. Luigi Lazzaroni 25, Di–Sa 7.30–21 Uhr)*, wo es Schokoladen, Marmeladen, Panettone und Amaretto-Spezialitäten gibt. Koffer kauft man ein paar Kilometer weiter bei *Samsonite* in *Saltrio* (**C 4**, *V. Mulino dell'Olio 33, Di–Fr 14.30 bis 18.30, Sa 8–12 Uhr)*. Wer auf der Autobahn Mailand–Genua die Ausfahrt Binasco nimmt, hat ein Faible für Designermöbel: Bei *Kartell* (**C 5**, *V. delle Industrie 3, Binasco, Mo 14–18, Di–Fr 10–18, Sa 10–13 Uhr)* werden die Hausmarke sowie die Linien Casa Kit und Standard weit unter Ladenpreis angeboten.

Sogar in Mailand ist Gutes günstig zu bekommen: Der Spieldiscounter *Morosini* (**O**, *Viale Gian Galeazzo 31, Di–Sa 9–12.30 und 15–19 Uhr)* verkauft um ein Drittel reduziert alles von Lego, Fisher Price, Playmobil oder Mattel. In der Nähe des Doms bietet der Kosmetikdiscounter *Mazzolari* (**G 10**, *P. Giordano Umberto 4, Mo–Sa 9–19.30 Uhr)* mehr als 70 internationale Marken um ein Drittel preiswerter. *Vibec* (**O**, *V. Marco d'Agrate 33, Mo–Sa 9.15 bis 19.15 Uhr)* verkauft Gold- und Silberschmuck 15 Prozent billiger als im Handel – und fertigt zudem nach Kundenwunsch.

Schreibgeräte (**G 10**)

Sehr im Trend: edle Füllfederhalter und Kugelschreiber aus aller Welt. *E. Ercolesi, Corso Vittorio Emanuele II 15*

Schuhe

Sie gehören zu den verführerischsten Angeboten Mailands. Bei *Alfonso Garlando* (**E 9**), *V. Madonnina 1 und 2*, sind sie nicht sündhaft teuer. Bei *Della Valle* (**F 8**) sind sie hochpreisig, aber dafür trägt man sie mit Hollywood-Stars, Industriekapitänen und Politgrößen. 133 Noppen haben die originalen Tod's an der bis zu den Hacken hochgezogenen Sohle – in genau 110 Arbeitsschritten werden sie in Handarbeit hergestellt. Hier kaufen Sharon Stone, Fiatboß Gianni Agnelli und Niki Lauda (*V. della Spiga 22*).

Textilien

Mila Schön (**H 10**) verkauft in der *V. Donizetti 1a* Restposten hochwertiger Stoffe zu erfreulich reduzierten Preisen. Jede Art von Wäsche fürs Bett, auch maßgeschneidert, gibt es in der *V. S. Marco, Ecke V. Montebello,* bei *Mirabello* (**E 7**). *Frette* (**F 9**), *V. Manzoni 11,* hat anspruchsvolle Heimtextilien, schöne und edle Stoffe gibt es bei *Galtrucco* (**E 10**) an der *P. Duomo 2.*

Uhren   (**F 9**)

Antikes Mobiliar, rote Damastwände: Bei *Fiumi* wird Zeit-Geschichte verkauft. Preiswert sind die Pendel-, Armband- und Taschenuhren aller bekannten Marken sowie eigene Produktionen nicht gerade, dafür bekommen Frauen öfters eine Rose mit auf den Weg. Die lombardische Prominenz ersteht hier ihre Zeitmesser. *V. Manzoni 39*

ÜBERNACHTUNG

Zentrale Reservierung über *Hotel Reservation Milano, V. Palestro 24,* 20121 *Milano, Tel. 02/76 00 79 78, Fax 76 00 36 32.*

Alberghi Diurni

Eine überaus praktische Einrichtung für Tagestouristen, die ihr Gepäck aufbewahren, sich waschen und umkleiden wollen. Die Tageshotels befinden sich in der *Stazione Centrale* (**O**) an der *Piazza Duca d'Aosta,* an der *Nordseite des Domplatzes (Cobianchi,* **E 10**) und an der *Piazza Oberdan (Venezia,* **H 7–8**).

Arena Hotel   (**D 8**)

Einfaches Haus am Rand des Arena-Parks. *25 Zi., V. Giulianova 2, Tel. 02/869 20 09, Fax 869 20 15, Kategorie 3*

Aspromonte   (**O**)

Von jungen Besitzern geführtes, modernes Haus außerhalb des Stadtzentrums. U-Bahn-Anschluß (Linien 1 und 2), im Sommer Frühstück in einem romantischen Garten. *48 Zi., P. Aspromonte 12–14, Tel. 02/236 11 19, Fax 236 76 21, Kategorie 2*

Camping Città di Milano   (**O**)

Im Westen der Stadt mit guten Einrichtungen. Metro 1 Richtung Bisceglie bis zur Station De Angeli, von dort Bus 72 bis V. Trivulzio; Stellplatz 25 000 Lit. *16. Dez. bis 14. März geschl., V. G. Airaghi 61, Tel. 02/48 20 29 93 oder 48 20 01 38*

Carrobbio   (**D 11**)

Haus mit gepflegter antiker Einrichtung im Viertel S. Ambrogio. *35 Zi., V. Medici 3, Tel. 02/89 01 07 40 Fax 805 33 34, Kategorie 1–2*

Duca di Milano   (**G 7**)

Von Aldo Rossi renoviertes Haus, hinter dessen unauffälliger Fassade sich klassisch englisches Interieur versteckt. Prächtige Stoffe mit dezenten Mustern im britischen Landhausstil. *90 Juniorsuiten, P. della Repubblica 13, Tel. 02/62 84, Fax 655 59 66, Kategorie 1*

Duomo (F 10)

Komfortables Haus mit Dachterrasse direkt am Domplatz. Gebuchte Pkw-Reisende dürfen bis ans Haus heranfahren. *140 Zi., P. Duomo, Tel. 02/86 11 84, Kategorie 2*

Executive (O)

Busineßhotel der Spitzenklasse mit 414 schick, aber auch praktisch eingerichteten Zimmern. *Viale Luigi Sturzo 45, Tel. 02/62 94, Fax 29 01 02 38, Kategorie 2*

Four Seasons (F 9)

Luxushotel in einem ehemaligen Kloster des 15. Jhs. im Goldenen Dreieck. Marmor, Säulengänge, restaurierte Fresken, ein begrünter Innenhof. *98 Suiten und Zi., V. Gesù 8, Tel. 02/79 69 76, Fax 77 08 50 00, Kategorie 1*

Gran Duca di York (E 10)

Früheres Gästehaus der Biblioteca Ambrosiana, wo angehende Kardinäle residierten. *33 Zi., V. Moneta 1a, Tel. 02/87 48 63, Fax 869 03 44, Kategorie 2*

Grand Hotel et de Milan (F 9)

Aristokratisch, überladen – ein Palazzo der Superlative. Kein Wunder, daß Hemingway an der Bar ausrastete, Dichter und Musiker süchtig waren nach so viel Prunk, und einer von ihnen, Giuseppe Verdi, hier seinen letzten Atemzug tat. Behindertengerecht. *180 Zi., V. Manzoni 29, Tel. 02/72 31 41, Fax 86 46 08 61, Kategorie 1*

Gritti (E 10)

Komplett renovierte Herberge, nur hundert Meter vom Dom. Vernünftige Preise. *48 Zi., P. S. Maria Beltrade 4, Tel. 02/80 10 56, Fax 89 01 09 99, Kategorie 2*

Jugendherberge
Ostello Piero Rotta (O)

Akzeptable Einrichtungen, Anmeldung morgens 7–9 und abends 17–0.30 Uhr. Vom Dom mit Metrolinie 1 bis Station QT 8, dann noch wenige Minuten zu Fuß. 20 000 Lit mit Frühstück. *Ende Dez.–Mitte Jan. geschl., V. Martino Bassi 2, Tel. und Fax 02/39 26 70 95*

Manzoni (F 9)

Gute Alternative zu den Luxushotels, zudem ruhig gelegen. *52 Zi., V. S. Spirito 20, Tel. 02/ 76 00 57 00, Fax 77 08 50 00, Kategorie 2*

Mentana (D 10)

Noch ein Geheimtip. Das Hotel liegt an einer kleinstädtisch anmutenden Piazza, ist aber nur drei Minuten vom Dom entfernt. *32 Zi., V. Morigi 2, Tel. 02/ 86 45 42 55, Kategorie 1–2*

Palazzo delle Stelline (C 10)

★ Im historischen Zentrum, wo sich Kunst und Geschichte vereinen und Leonardo da Vinci in seinen Mailänder Jahren wohnte. *103 Zi., Corso Magenta 61, Tel. 02/ 481 84 31, Fax 48 19 42 81, Kategorie 1–2*

Principe di Savoia (G 7)

Das 1927 eröffnete Grandhotel wurde 1992 komplett geliftet und gibt sich seitdem als Palast im Stil der Mailänder Jahrhundertwende mit farbigen Marmorböden, handbemalten Freskodecken, Kristallüstern und erlesenen Antiquitäten. Entsprechend sind auch die Preise: ab 580 000 Lit. *47 Suiten, 235 Zi., P. della Repubblica 17, Tel. 02/62 30, Fax 659 58 38, Kategorie 1*

Quark (O)
Luxushaus am südlichen Stadtrand, 285 geräumige Zimmer, Gratisgaragen, Schwimmbad, Restaurant mit Gartenterrasse. *V. Lampedusa 11, Tel. 02/844 31, Fax 846 41 90, Kategorie 1*

SPORT UND AKTIVITÄTEN

Centro Sportivo Lido (O)
Große Anlage mit Einrichtungen für Gymnastik, Rollschuhlauf, Karate, Ballsportarten und zwei großen Freibädern. *Piazzale Lotto 15 (Metro 1 Richtung Molino Dorino, Station Piazzale Lotto), Tel. 02/33 00 26 79*

Centro Sportivo Saini (O)
Das bekannteste und bestausgestattete Sportzentrum Mailands. Tennis, Gymnastik, eine Kunstbahn für Sommerlanglauf, Schlittschuhbahnen im Winter (mit Schlittschuhverleih), Leichtathletik, verschiedene Felder für Ballsportarten, Hallen- und Freibäder. *V. Cimabue 24 (Metro 1 Richtung Molino Dorino, Station QT 8), Tel. 02/33 00 04 94*

Golf (C 4)
Le Robinie, 20 km vom Zentrum entfernt an der A 8 Mailand–Varese, ist taufrisch. Das Clubhaus hat auf 12 000 qm Grundfläche zwei Restaurants, Fitneßcenter und Hallenbad. Ein Terrassenband zieht sich an der Breitseite entlang mit schönem Ausblick

auf die welligen Spielbahnen. Die 18 Löcher hat der berühmte Golfplatzarchitekt Jack Nicklaus verteilt, die flache Ebene hat er durch Erdbewegungen geformt. Außerdem gibt es Driving Range, große Übungsgreens zum Putten und Kompaktlöcher. *Von der Ausfahrt Busto Arsizio nach Solbiate Olona, vor einem Supermarkt zweigt der Weg rechts ab, Tel. 0331/32 92 60, Fax 32 92 66*

Pizzaschule
Die Vereinigung der Pizzabäcker (APES) hat der Verwässerung des Produkts den Kampf angesagt und bietet Interessierten in Kursen das Beibringen der traditionellen Pizzazubereitung an. *Auskunft: Pizza School, Tel. 02/ 33 10 48 92*

Reiten
Eine der besten Reitschulen Italiens ist das *Centro Ippico Brianteo* (**C 4**, *V. Gerbino 35 in Birago di Lentate sul Seveso, Tel. 0362/56 08 46*). Ausritte in schöner Umgebung in der Nähe Mailands. Das vielleicht bekannteste Reitzentrum Italiens ist *Centro Ippico Lombardo* (**C 4**, *V. Fetonte 21, Metro 1 Richtung Molino Dorino, Station QT 8 oder Lampugnano, Tel. 02/408 42 70).* An den Parco di Monza grenzt die Reitschule *Centro Ippico Monzese* (**D 4**, *V. Toti in Villasanta, Tel. 039/30 21 86).*

Skorpion Center (E 10)
Fitneßclub mit großem Plus: Eintrittskarten gibt es schon für einen Tag, das sonst übliche Monatsabonnement entfällt somit. In voluminösen Räumlichkeiten werden verschiedene Fitneßarten angeboten, es gibt viele Geräte, eine Sauna, ein türkisches Bad,

Schwimmbad und Liegestühle auf der Dachterrasse. *Corso Vittorio Emanuele II 24 (in der Galleria), Tel. 02/78 14 24*

AM ABEND

Der Eintritt in die Diskotheken liegt, inklusive eines Getränks, kaum unter 30 000 Lit. Die Preise für Drinks sind alle etwa gleich hoch, um 15 000 Lit. Von HipHop über Rock bis Jazz wird alles gehört, auch die einfache Diskomucke ist beliebt. Veranstaltungshinweise gibt es in der Monatsbroschüre »Happening in Milano«.

Biblos (E 8)
Live-Musik auf zwei Etagen, verquirlte Schönheiten und Macker. *Tgl. bis 3 Uhr, V. Madonnina 17*

Angelicum (F 7)
Von der Stadt unterhaltenes Konzerthaus mit eigenem Symphonieorchester. Gezeigt werden auch Filme in Originalsprache. *P. S. Angelo, Tel. 02/659 27 48*

Atiemme (D 7)
☯ ☈ Beliebte blaßgrün und violett gestylte Bar. *Bastioni di Porta Volta 15*

La Bodeguita del Medio (O)
Freundliche kubanische Bodega mit Live-Musik. Kubanische Küche und Cocktails, nicht teuer. Rundum angenehm. *Mo–Sa 18 bis 1 Uhr, So geschl., V. Col di Lana 3*

Il Camparino (E 10)
⚑ ☯ 1867 eröffnete Jugendstilbar in der Luxuspassage zwischen Domplatz und Scala. Hier erfand Davide Campari das berühmte gleichnamige Getränk. Vom ersten Stock aus läßt sich

das Treiben in der Galleria gut beobachten. *Tgl. 7.30–20.30 Uhr, Galleria Vittorio Emanuele II*

Capolinea (O)
Italiens bester Jazzplatz liegt, wie es der Name sagt, an der Endstation der Trambahn 19. Hier treten nationale und internationale Größen auf. *20–2.30 Uhr, Mo geschl., V. Lodovico il Moro 119*

Centrale 1 e 2 (E 11)
☈ Großes Kino mit allen Debütfilmen. *V. Torino 30*

City Square (O)
☈ Um 20 Uhr werden die Tore einer der größten Diskos Mailands geöffnet. Im Art-déco-Rahmen und auf drei Etagen heizt der Sound die Besucher auf. *20–3 Uhr, Mo geschl., V. Castelbarco 11/13*

Civica Scuola di Musica (O)
☯ In der städtischen Musikschule liebt man zeitgenössische Klänge. *V. Stilicone 36, Tel. 02/58 30 31 22*

Club 2 (E 8)
Nachtclub für ruhige Genießer. Pianogeklimper, tiefe Blicke. *Tgl. bis 3 Uhr, V. Formentini 2*

Coquetel (D 12)
Elegante amerikanische Cocktailbar mit gnädigen Preisen direkt am Parco delle Basiliche. *V. Vetere 14*

Al Fuori Porta Café (O)
☈ Junge, fesche Leute, mit der Vespa oder dem Cabrio vorgefahren, hocken hinter schönen Aperitifs, der Milanesen liebstem Getränk. Hier läßt sich studieren, daß sich mit den bunten Drinks leichter eine *ragazza* oder ein *ragazzo* anlachen läßt. *17–2 Uhr, So geschl., Viale Pasubio 6*

Jamaica (E 8–9)

☂ Treffpunkt der Kunststudenten. *Mo–Sa 11–14.30 und 16 bis 24 Uhr, V. Brera 32*

Bar Magenta (C 10)

Der große Jugendstil-Barraum, einst Treffpunkt studentenbewegter Mailänder, ist heute Tummelplatz der Schickeria. *11 bis 2 Uhr, Mo geschl., V. Carducci 13*

Momus (E 8)

Live-Musik in Brera. Bareleganz des gehobenen Stils. Reservierung wird empfohlen. *20–2 Uhr, So geschl., V. Fiori Chiari 8, Tel. 02/ 805 62 27*

Piccolo Teatro (D 9)

Avantgardistisches Theater in Giorgio Strehlers grundsaniertem Haus mit mehrteiliger Drehbühne. *V. Rovello 2, Tel. 02/ 87 76 63*

Plastic (O)

Mailands schrägste Disko mit exotisch-gemischtem Publikum. *23–3 Uhr, Mo und Mi geschl., Viale Umbria 120*

Portnoy (C 11)

Das *café letterario* zieht zu Lesungen und Diskussionen Journalisten und Newcomer der schreibenden Zunft. *19–2 Uhr, So geschl., V. de Amicis 1*

Teatro Carcano (F 12)

◉ Choreographien und Ballett, klassische Tänze, Flamenco und Modern Jazz Dance. *Corso di Porta Romana 63, Tel. 02/59 90 25 56*

Teatro alla Scala (E 9)

Für das berühmteste Opern-, Konzert- und Balletthaus der Welt Karten zu ergattern gleicht einem Lottogewinn und ist jeden Versuch wert. *P. Scala, Kasse: V. Filodrammatici 2, Tel. 02/ 72 00 37 44, Internet: http:/lascala. milano.it.*

AUSKUNFT

APT (E 10)

Palazzo del Turismo, V. Marconi 1/P. del Duomo, Tel. 02/80 96 62, Fax 72 02 24 32, April–Sept. Mo–Sa 8 bis 20, So 9–12.30 und 13.30 bis 17 Uhr, Okt.–März Mo–Fr 8.45 bis 12.30 und 13.30–18, Sa 9–12.30 und 13–17 Uhr

Ufficio Informazioni

Im Aeroporto Forlanini (Linate), Untergeschoß arrivi (Ankunft), Tel. 02/ 74 40 65, tgl. 9–12.30 und 14 bis 18 Uhr

ZIELE IN DER UMGEBUNG

Lodi (D 5)

Daß norditalienische Städte von jeher Handelszentren sind, mit Straßen, Gassen und Plätzen voll lebhaften Treibens, ist 30 km südöstlich von Mailand zu beobachten. In Lodi (45 000 Ew.) lebt der Großteil der Bevölkerung von der Milch- und Käseproduktion. Das historische Zentrum ist noch voll bewohnt, Büros gibt es in den Altbauhäusern kaum. Bei der ◉ ☂ *passeggiata,* der Bummel- und Ausgehzeit am frühen Abend, ist die halbe Stadt unterwegs. Nach der Zerstörung des Hauptorts der ländlichen Bassa Milanese durch die Mailänder (1158) half Kaiser Barbarossa beim Wiederaufbau der Stadt. Der *Dom* ist kostbar ausgestattet, mächtige Pfeiler tragen ein schweres romanisches Gewölbe, die schönen Marmorreliefs am

Hauptaltar zeigen Heilige. Die große, arkadengeschmückte *Piazza della Vittoria* davor ist seit Jahrhunderten Mittelpunkt städtischen Lebens, hier finden kulturelle und Wahlveranstaltungen statt. Intimer ist der brunnenbesetzte *Marktplatz* mit seinen uralten Ulmen. *Di, Do, Sa und So ist* ==Markttag.== Nahebei liegt das beste Lokal der Stadt, ==*La Quinta*== *(So-Abend, Mo und im Aug. geschl., P. della Vittoria 20, Tel. 0371/42 42 32, Kategorie 2),* in dem man Brennesselrisotto und -tortellini probieren kann.

Monza (D 4)

Die 15 km nördlich von Mailand gelegene Stadt (125 000 Ew.) verschmilzt immer mehr mit der Metropole. Bekannt ist sie durch die hier stattfindenden Autorennen geworden. Für die Lombarden ist Monza historisch bedeutsam. Der *Dom* aus dem 14. Jh. erhebt sich auf einem 800 Jahre älteren Fundament, in einer Seitenkapelle wird die *Eiserne Krone* der Langobarden aufbewahrt. Angeblich enthält sie einen Nagel vom Kreuz Christi. Seit Karl dem Großen wurde an dieser Stelle den Kaisern des Heiligen Römischen Reiches die Krone aufs Haupt gesetzt. Sehenswert ist die prall gefüllte Schatzkammer des *Museo Serpero* im Dom *(Di–Sa 9–11.30 und 15–17.30, So 10.30–12 und 15–18 Uhr, 6000 Lit, V. Canonica 8).* Handschriften, Kirchengeräte und Schmuckstücke sind zu besichtigen, u. a. die berühmte Henne mit sieben Küken. Im romantischen, 800 Hektar großen Park steht das neoklassizistische *Schloß,* das die früheren österreichischen Statthalter errichten ließen. Der *Park der Villa Reale* mit Golf- und Poloplätzen und einer Galopprennbahn ist ein beliebtes Wochenendziel der Mailänder *(Nahverkehrszüge von den Bahnhöfen Milano Centrale oder Milano Garibaldi). Camping* im Park von Monza, *April–Sept., Tel. 039/38 77 71.*

Parco dell'Idroscalo (D 5)

Der 2,5 km lange, 1920 künstlich angelegte See hat sich zu einem Freizeitzentrum mit Schwimmbädern, Tennisplätzen und Gastronomie entwickelt. *Viale Idroscalo (Direktbus von der P. Cinque Giornate)*

Die klassizistische Villa Reale, das Schmuckstück des Schloßparks in Monza

Mittelalterliches Gassengewirr und ein träger Fluß

Die Kaiserstadt ist eingebettet in eine bäuerliche Landschaft voller Reisfelder

Der Po, Italiens längster Fluß, der auf den Landkarten als machtvoller Strom eingezeichnet ist – immerhin verschluckt er Myriaden von Sturzbächen aus den südlichen Alpen und dem nördlichen Apennin und ist 676 km lang –, entpuppt sich als breites Flußbett mit träger Wasserströmung und einigen abgestandenen Teichen voller Sumpfblumen. Doch seine Existenz hat die Ebene immer fruchtbar gehalten, so daß hier bedeutsame Herzogtümer entstanden.

PAVIA

(**C 6**) Die Provinzhauptstadt Pavia (85 000 Ew.) im Südwesten der Lombardei liegt dort, wo der Ticino in den Po einmündet. Im 1. Jh. v. Chr. gründeten die Römer die Militärsiedlung Ticinum, die während der Völkerwande-

rung Residenzstadt der Ostgoten und dann – gemeinsam mit Monza – Regierungssitz der Langobarden wurde. 774 eroberte Karl der Große Pavia, das unter den Frankenkönigen Hauptstadt des Regnum Italicum war. Mehrere deutsche Herrscher wurden hier im Mittelalter zu Königen von Italien gekrönt. Im 13. Jh. war Pavia unabhängiger Stadtstaat, 1359 unterwarfen die Visconti die Stadt. In dieser Periode entstanden viele der kulturhistorisch wertvollen Bauten. 1525 eroberte Karl V. die Provinz, im Erbfolgekrieg fiel sie an die Habsburger.

Es fällt schwer, sich in Pavia zurechtzufinden. Keine Stadt der Lombardei ist stärker vom Mittelalter geprägt, noch immer gibt es mehr Gassen als Straßen. Nur die breite Strada Nuova, die das Kastell der Visconti mit der Ticino-Brücke verbindet, erlaubt orientierende Durchblicke. Türme hat es in der »Stadt der hundert Türme«, wie Pavia im Mittelalter hieß, immer in Fülle

Geldmangel bestimmte schon vor 500 Jahren den Fortschritt von Bauvorhaben: die Certosa di Pavia

gegeben. Adlige Familien ließen sie errichten, wenn ein Sohn geboren war. Überreste der Geschlechtertürme sind noch überall zu entdecken. Wer lange genug über das holprige Pflaster läuft, entdeckt den Reiz der Gassen mit den darin versteckten Geschäften und macht die Beobachtung, daß die alte Stadt von jungen Leuten belebt ist: Pavia ist seit mehr als 600 Jahren Universitätsstadt, eine der ältesten ganz Europas.

BESICHTIGUNGEN

Castello Visconteo

Das mächtige Kastell, dessen rote Backsteinmauern sich kräftig aus dem Grün der Parkanlagen herausheben, ist der bedeutendste lombardische Schloßbau des 14. Jhs. Von der ursprünglichen Vierflügelanlage mit vier Ecktürmen sind nur noch Teile erhalten. Der Nordflügel mit der reichsten Freskenausstattung wurde bei Belagerungen verwüstet. Anmutig ist der Innenhof mit seinen Arkaden und Loggien – er macht die wehrhafte Burg zum Palast. *Tgl. 9–12, Sa und So auch 15–17 Uhr, 5 000 Lit*

S. Pietro in Ciel d'Oro

In der romanischen Hauptkirche der Stadt fand Augustinus, einer der einflußreichsten Kirchenväter, seine letzte Ruhestätte. Die Reliefs des vielfigurigen Grabmals von Balduccio (1362) schildern das Leben des Bischofs von Hippo Regius, der 430 bei der Belagerung seiner Stadt durch die Vandalen ums Leben kam. Der heutige Bau entstand auf einer Vorgängerkirche zwischen 1120 und 1200. Die Fassade in warmem Backsteinmauernrot ist streng gegliedert, die Dekorscheiben sind aus Lüsterkeramik, in der Südapsis sind noch Reste eines Fußbodenmosaiks aus dem 12. Jh. zu sehen. Viele Besucher versäumen das Schönste in der Kirche mit dem Beinamen »im goldenen Himmel«: die *Sakristei.* Ihre Decke ist 1561 in manieristischem Stil wunderbar ornamental ausgemalt worden.

Universität

♱ Sie sind zu beneiden, die jungen Frauen und Männer, die in diesem großzügigen Bau, dessen Anfänge im 14. Jh. liegen – der Gründungszeit der Universität –, ihre Vorlesungen hören. Durch grundlegende Umbauten erhielt die Anlage im späten 18. Jh. ihre klassizistische Gesamterscheinung. Einige Bauten sind Hinterlassenschaften von Österreichs Kaiserin Maria Theresia, die den Wiener Leopold Pollak nach Pavia rief. Dessen Höfe mit den schönen Arkadengängen, in warmem Ockerton gehalten, sind besonders anziehend.

MUSEUM

Pinacoteca Malaspina

Im Kastell am nördlichen Rand des heutigen Stadtkerns ist die anschauenswerte Gemäldegalerie mit Werken vor allem lombardischer Meister wie Foppa und Bergognone untergebracht. *Di–So 9–13.15 Uhr, 6000 Lit, P. Castello*

RESTAURANTS

Antica Osteria del Previ

Am Südufer des Ticino gute Risotti und andere lombardische

MARCO POLO TIPS FÜR PAVIA UND DEN SÜDWESTEN

1 Certosa di Pavia
Majestätische Mönchsburg
mit ökologischem Nutzen
(Seite 79)

2 Piazza Ducale in Vigevano
Der früheste Platz der
italienischen Renaissance
(Seite 81)

Spezialitäten. Unspektakulär, aber erstklassige Zutaten und sorgfältige Zubereitung. *Mi geschl., V. Milazzo 65, Tel. 0382/262 03, Kategorie 2*

Capri
♣ Preiswerte Pizzeria voller Jungvolk und guter Stimmung. *Corso Cavour 32, Kategorie 3*

Locanda Vecchia Pavia
Das anspruchsvollste Restaurant der Stadt, an der Rückseite des Doms, mit einem ambitionierten Küchenchef. Probieren Sie gefüllte Zucchiniblüten. *Mo und Mi-Mittag sowie zwei Wochen im Jan. und Aug. geschl., V. Cardinal Riboldi 2, Tel. 0382/30 41 32, Kategorie 1*

Vecchio Mulino
Im Hof des Traditionsrestaurants bei der Certosa wird ein vorzüglicher lombardischer Wein ausgeschenkt. *So-Abend, Mo und im Aug. geschl., V. al Monumento 5, Certosa di Pavia, Tel. 0382/92 58 94, Kategorie 1–2*

HOTELS

Ariston
Angenehme Unterkunft in zentraler Lage. *60 Zi., V. A. Scopoli 10d, Tel. 0382/34 33 45, Fax 256 67, Kategorie 3*

Excelsior
Alteingesessenes Haus mit Mittelklassenniveau. *55 Zi., Piazzale Stazione 25, Tel. 0382/285 96, Kategorie 2–3*

Palace
Der Name erscheint zu gewagt. Aber ordentlicher Service. *50 Zi., Viale della Libertà 89, Tel. 0382/ 274 41, Kategorie 2*

AM ABEND

Diskothek Docking
Diskomusik mit Anmache, sehr laut. *V. Rezia 42*

Diskothek Matisse
Hier wird palavert, sich tief in die Augen geschaut und getanzt. *V. Gravos 1*

AUSKUNFT

APT
V. Fabio Filzi 2, Tel. 0382/221 56, Fax 322 21, Mo–Fr 9–12.30 und 14.30–18 Uhr

ZIELE IN DER UMGEBUNG

Certosa di Pavia   (C 5)
★ 10 km nördlich von Pavia erhebt sich in sumpfiger Landschaft die majestätische Klosteranlage, die zu den berühmtesten Bauwerken

Norditaliens zählt. Das Bauwerk ist nicht der vollkommene Wurf eines großen Bauherrn, sondern entstand aus Geldmangel als Stückwerk. Man sieht ihm an, daß es als Kolossalbau geplant worden war, aber als solcher nicht vollendet werden konnte. Die Kartäuser, ein ausschließlich dem Gebet verschriebener Mönchsorden, sollten hier nach dem Willen des Stifters Glück und Segen für ihn und seine Herrschaft erflehen. Gian Galeazzo Visconti, Herzog von Mailand und Graf von Pavia, wollte mit dem Kloster seiner Dynastie Prestige und Ehre und vor allem eine außergewöhnliche Grabstätte verschaffen. Die Grundsteinlegung war 1396, als der Visconti 1402 starb, waren gerade die Fundamente fertig. Genutzt wurden Teile des Kirchenbaus erst ab 1460, geweiht wurde das Gotteshaus 1497. Dennoch ist der Bau der Anlage unter landschaftlichen Gesichtspunkten eine außerordentliche Leistung für die Po-Ebene, denn das morastige Land mußte mühsam trockengelegt, Kanäle mußten erbaut, Drainagen geschaffen und Rieselfelder angelegt werden. An der Attraktion der Kartäuserherberge, der *Marmorfassade* mit ihren überreichen kleinteiligen, dekorativen Details, wurde bis ins 17. Jh. gebaut. Sie stellt den Triumph des Christentums über die heidnische Welt dar. Im Innern ist die Kirche streng und monumental gehalten, der aufwendige äußere Schmuckreichtum fehlt. In den beiden *Kreuzgängen* südlich der Kirche sind Zellen der Kartäusermönche zu besichtigen *(Mai bis Aug. Di–So 9–11.30 und 14.30 bis 18 Uhr, Sept.–April Di–So 9–11.30 und 14.30–16.30 Uhr, kein Eintritt,*

Spende erbeten). Ein ungewöhnliches Souvenir ist »Gra Car«, der Likör der Kartause von Pavia, der in der *Vecchia Farmacia della Certosa (Viale Certosa 42)* verkauft wird.

Fugazza (D 6)

Ein Weingut am Rand der Provinz Pavia, das in der wärmeren Jahreszeit einlädt zu Ferien in privater Atmosphäre – Verköstigung inklusive. Von der *azienda agricola* reicht der Blick über die milde Hügellandschaft des Oltrepò Pavese. Genau das richtige für Individualisten, die sich nicht vor Tagen im Gleichmaß fürchten und darauf vertrauen können, daß Weiß- und Rotweine für tiefen Schlaf sorgen. *Azienda agricola Fugazza, Luzzano, 27040 Rovescala, Tel. 0523/86 47 86. Der Preis für die zwei einfachen Apartments liegt bei 45 000 Lit.*

Lomellina (B 5–6)

Die »wellenlose Ebene« des Po ist keine Gegend für Touristen, die auf rasche Abwechslung aus sind – und deshalb eine Entdeckung. Es ist das sich weithin erstreckende Land der schimmernden Horizonte, der unheimlichen Nebel (im Winter), der langen, gleichmäßigen, von Menschen angelegten Reihen von Pappeln, versprengter Dörfer, großer Gehöfte und stattlicher Herden von Schafen und Rindern. Das archetypische, bäuerliche Italien, zu dessen Erkundung man Zeit haben muß – und keine Angst vor Einsamkeit. Weil im Sommer Legionen von Mücken die Lomellina heimsuchen, sind Frühjahr und Herbst die besten Besuchszeiten. Wanderer, Fahrradfahrer und Reiter durchstreifen die Landschaft auf

Die ellipsenförmige Piazza Ducale in Vigevano mit ihren Arkadengängen

die angemessenste Weise, vor allem im Frühjahr, wenn die Reisfelder geflutet sind und die Lomellina als eine einzige Seenlandschaft erscheint. Der Reis ist das Schicksal dieser Region, seitdem Bauern im 15. Jh. in der Nähe von Pavia mit dem aus Spanien eingeführten Reiskorn zu experimentieren begannen. Knapp eine Million Tonnen Qualitätsreissorten werden hier Jahr für Jahr geerntet, nach der Provinz Vercelli im Piemont ist die Lomellina damit die zweitgrößte Reisanbaufläche Italiens.

Vigevano   (C 5)

Die ★ *Piazza Ducale* ist der früheste Platz der italienischen Renaissance und einer der schönsten im Lande. Die an drei Seiten umlaufenden Arkadengänge verleihen ihm Intimität und machen den Aufenthalt auf der 138 x 48 m großen Piazza gemütlich. Die an der offenen Schmalseite emporwachsende, vorgeblendete Barockfassade des *Domes* ist monu-

mental. Die Frontseiten sind in warmes Ocker gehüllt und ornamental reich verziert, lustige Kamine beleben die Dächer. Ansonsten ist die kleine Stadt (65 000 Ew.), Zentrum der lombardischen Schuhindustrie, ein uneinheitliches Konglomerat. Wer günstig Schuhe kaufen will, kann das an der Straße Richtung Mortara tun, wo es mehrere Fabriken mit Verkaufsräumen gibt. Im *Museo Civico/Museo della Calzatura* gibt es eine Abteilung, in der die mittelständische Schuhindustrie und ihre Tradition dargestellt sind *(Sa 14.30–18.30, So 10.30 bis 12.30 und 14.30–19 Uhr, sonst nach Voranmeldung, Tel. 0381/69 03 70 (auch englisch), 4 000 Lit, Corso Cavour 82).* 4 km außerhalb im *Ristorante I Castagni (So-Abend, Mo und im Aug. geschl., V. Ottobiano, Tel. 0381/428 60, Kategorie 1–2)* sind vor allem die vorzüglichen *risotti* zu empfehlen. Übernachten kann man im *Nuovo Hotel (14 Zi., Corso Togliatti 21, Tel. 0381/ 32 50 26, Fax 31 18 97, Kategorie 3).*

Sinnenfroher Süden

Im Herzen der Po-Ebene ist die Renaissance allgegenwärtig

Die Lombardei ist nicht nur die seen-, sondern auch die flußreichste Region Italiens. Durch das viele Wasser fallen im Land zwischen Alpen und Appenin die Sommer schwül und warm aus, der Himmel ist als Glocke über die Landschaft gestülpt – vor allem im Südosten der Lombardei. Trotzdem war das Gebiet schon zur Steinzeit besiedelt, und später kamen alle eroberungslüsternen Völker: Römer, Westgoten, Hunnen, Langobarden, Franken. 1328 begann mit Luigi Gonzaga die drei Jahrhunderte während Herrschaft eines Geschlechts, das zu den historisch bedeutsamsten Italiens gehört: die Gonzaga. Ihr Hof war nicht nur ein bedeutendes politisches Zentrum in ihrer Epoche, sondern auch ein Sammelpunkt der größten italienischen Künstler.

MANTUA (MANTOVA)

(**H 6**) Mantua (52 000 Ew.) hat etwas Leichtes. Es würzt die Luft, geistert durch die Straßen, schwebt in den schimmernden *campanili,* schwadroniert lebens-

Cremona spielte einst die erste Geige beim Bau der Streichinstrumente – besichtigen kann man viele der Meisterstücke auch heute noch

lustig auf den Piazze, spricht in den Lokalen munter dem zu, was Leib und Seele zusammenhält, und rieselt unter wackeligen Mauern in winzigen Kanälen, den *rii,* dahin, bis es sich in Seen und Lagunen verliert, die sich bis an die purpurnen Hügel erstrecken. In der alten Stadt mit ihrem Kern aus drei aufeinanderfolgenden Plätzen – mit Palästen und Kirchen aus Mittelalter und Renaissance – ist die Gegenwart fühlbar, sie pulst, flaniert und ergeht sich in Müßiggang. Der Geist Mantuas ist nicht Melancholie, wie in Pavia, nicht Nüchternheit, wie in Mailand. Nirgendwo ist die Lombardei so südlich, so sinnenfroh geprägt wie hier.

Die ersten Siedler, Etrusker und Gallier, sicherten sich durch die Lage im sumpfigen Mündungsgebiet des Mincio in den Po gegen ihre Feinde ab. 70 v. Chr. wurde ganz in der Nähe der große römische Dichter Vergil geboren. Die Stadt, bis heute markant von Wasser, Wiesen und Wäldern umgeben, machte danach lange Zeit kaum von sich reden. Bis sich Mantua in der Renaissance unter der Herrschaft der Gonzaga anschickte, als prunkvoll ausgebauter Hofsitz andere Städte, vor allem die Erzrivalin Verona, zu übertrumpfen.

Vom Glanz dieser vier Jahrhunderte eines kontinuierlichen Aufstiegs zehrt die Stadt bis heute: Claudio Monteverdi brillierte als Hofkapellmeister, der Dichter Torquato Tasso schnorrte bei seinem Gönner, dem Herzog, und Peter Paul Rubens arbeitete einige Zeit hier. Doch im kollektiven Unterbewußten ist der Sieg über Moder und Moskitos als Höhepunkt stadtgeschichtlicher Entwicklung vermerkt. Im 13. Jh. begann man, das seit ewigen Zeiten bedrohliche Sumpf- und Überschwemmungsgebiet zu entwässern, die Flüsse zu regulieren, die Seen aufzustauen und die Stadt in strategisch günstiger Insellage, die nicht ausschließlich Werk der Natur war, neu zu befestigen. Wer sich heute Mantua von Norden her nähert, fährt über eine lange Brücke zwischen den Seen – Lago di Mezzo, Lago Superiore und Lago Inferiore – auf eine Altstadt zu, die schon von weitem durch ihre eindrucksvolle Silhouette imponiert. Vielleicht mutet in Mantua deshalb alles so leicht an, weil die Stadt unter so schweren Mühen erbaut worden ist.

BESICHTIGUNGEN

Arengario
Am Nordosteck der Piazza delle Erbe steht das um 1300 erbaute ehemalige Versammlungshaus. Ein Ort zum Gruseln: Im Bogen des Arengario hängen noch die abgeschürften Eisenringe, an denen einst Übeltäter zur Marter festgebunden wurden.

Broletto
Den Amtssitz des Bürgermeisters gibt es an der V. Broletto schon seit 1190, doch erst 1277 wurde er vollendet. In einer Nische neben dem Nordportal ist das Relief eines schreibenden Mannes zu sehen – Vergil, 1227 von einem unbekannten Meister dargestellt.

Castello S. Giorgio / Palazzo Ducale
Der mächtige Festungskomplex am Ufer des Sees im Stil spätgotischer Militärarchitektur, mit Ecktürmen und von einem Gra-

ben umgeben, wurde im 15. Jh. grundlegend verändert, als Markgraf Ludovico Gonzaga die Innenräume zu Wohnungen umbauen ließ. Andrea Mantegna malte 1474 die berühmte *Camera degli Sposi* aus. Weil die restaurierten Fresken extrem empfindlich gegen Ausdünstungen sind, dürfen Besucher nur für zehn Minuten in den pavillonartigen Raum. Beherrscht sind die Wände von den Szenen eines Großfreskos: Ludovico im Kreise seiner Familie; Ludovico beim Empfang seines Sohnes Francesco, der als frischgebackener Kardinal aus Rom zurückkehrt; Frauen und Putten auf der Balustrade; das Deckengewölbe als gemalter Himmel. In der Illusionsarchitektur war auch noch Platz für den Meister selbst: Mantegna verewigte sich im ornamentalen Fries eines Pilasters. Gegenüber liegt der ★ Palazzo Ducale: Umbauten, Anbauten, Neubauten. Mehrere Generationen der Herrscherfamilie Gonzaga haben hier zwischen dem 13. und 18. Jh. gebaut – nach dem Geschmack ihrer jeweiligen Zeit. So entstanden acht Baukörper, neun Innenhöfe und drei Gärten auf einer Fläche von 34 000 qm. Größenwahnsinnige Ausmaße für einen Herzogspalast, der mit über 500 Räumen Italiens größter Schloßkomplex ist. Über die Piazza Castello sind die Flügel mit dem mittelalterlichen Castello S. Giorgio verbunden. Man könnte tagelang durch prunkvolle Säle mit flämischen Wandteppichen und freskengeschmückten Wänden und Decken, durch Galerien, Türme, Gänge, Stallungen und die Schloßkirche *S. Barbara* streifen, darf aber nur der Führung

folgen. *Mo–Sa 9–13 und 14.30 bis 18, So 9–13 Uhr, 12 000 Lit*

Palazzo del Tè

Mit diesem Lustschloß wurde Baugeschichte geschrieben. Die prächtige Zweitresidenz lag im 16. Jh. außerhalb der Stadt, heute ist sie, am südlichen Stadtrand, vom Palazzo Ducale in 20 Minuten zu Fuß zu erreichen. Der Raffael-Schüler Giulio Romano schuf einen manieristischen Palast in der Anlage einer römischen Villa. Langgestreckte, einstöckige Flügel fassen einen quadratischen Mittelhof ein. *Di–So 9–12 und 14.30–17 Uhr, 14 000 Lit*

Piazza delle Erbe

★ Der traditionelle Marktplatz mit reich bestückten Obst- und Gemüseständen – schon seit dem 12. Jh. – und den vielleicht schönsten Fassaden Mantuas. Zinnenbekrönt der *Palazzo della Ragione,* das um 1250 gebaute einstige Rathaus. Die Kolonnaden stammen aus der Renaissancezeit, auch die stämmige *Torre dell'Orologio.* Die große astronomische Uhr (von Bartolomeo Manfredi) zeigt der Bevölkerung seit dem 15. Jh. nicht nur die Zeit an, sondern auch die geeigneten Tage für den Aderlaß, den Besuch beim Arzt, das Beschneiden der Reben, den Beginn von Reisen und sogar das Zuschneiden von Kleidungsstücken. Besonders anmutig ist die *Casa Boniforte* an der Ecke zur Piazza Mantegna wegen ihrer Terrakottadekorationen.

S. Andrea

Ein kleiner Platz mit einer gewaltigen Kirche: S. Andrea. Das wuchtige Renaissancegotteshaus nach Entwürfen des Florentiners Leon Battista Alberti erhielt einen gotischen Campanile aufgestülpt. Das Eingangsportal ist turmhoch, die Rundung setzt sich in der Tonnenwölbung des monumentalen Innenraums fort. Das Innere der Kirche unterscheidet sich vom üblichen Schema einer Basilika: Weite Bogenöffnungen und pilastergerahmte Wandfelder wechseln sich ab, im unteren Bereich öffnen sich die Rechteckportale zu kleinen Seitenkapellen. S. Andrea wurde zum Prototyp der Wandpfeilerkirche, wie sie der Barock baute. Das Langhaus ist reich mit Fresken ausgestattet und beherbergt die Grabesstätte von Mantegna. *P. Mantegna*

MUSEEN

Museo F. Gonzaga
Diözesanmuseum mit Gemälden des 15. bis 18. Jhs., Hellebardenrüstungen und Goldschmiedearbeiten. *Di–So 9.30–12 und 14.30 bis 17, Juni–Aug. bis 17.30 Uhr, 6000 Lit, P. Virgiliana 55*

Palazzo d'Arco
Eine naturgeschichtliche Sammlung im klassizistischen Gebäude. *Di–So 9–12 und 15–17 Uhr, 6 000 Lit, P. d'Arco 1*

RESTAURANTS

Aquila Nigra
Im »Schwarzen Adler« ist man der Regional- und Traditionsküche auf höchstem Niveau verpflichtet. Tip: Fisch aus dem Mincio kosten. *So, Mo und im Jan. und Aug. geschl., Vicolo Bonacolsi 4, Tel. 0376/35 06 51, Kategorie 1–2*

Trattoria dei Martini
❂ Im freskengeschmückten Palazzo d'Arco aus dem 16. Jh. werden köstliche lombardische Gerichte nach uralten Rezepten serviert – wie einst am Renaissancehof der Gonzaga. *Mo, Di und im Aug. geschl., P. d'Arco 1, Tel. 0376/32 71 01, Kategorie 1–2*

Ochina Bianca
❂ Hier schmeckt die Spezialität Mantuas, die *tortelli alla zucca* (mit Kürbis gefüllte Teigtaschen), besonders gut. *Di-Mittag und Mo geschl., V. Finzi 2, Tel. 0376/32 37 00, Kategorie 2–3*

San Gervasio
❂ Neben traditionellen Gerichten mit Schweinefleisch gibt es phantasievolle Fischteller. *Mi und im Aug. geschl., V. San Gervasio 13, Tel. 0376/32 70 77, Kategorie 2*

EINKAUFEN

Die schönsten Kleider-, Schuh- und Designboutiquen befinden sich in der *Via Roma* und am *Corso Umberto I.*

ÜBERNACHTUNG

Bianchi Stazione
Kürzlich renoviertes Haus; es liegt direkt am Bahnhof, ist daher allerdings etwas laut. *50 Zi., P. Don Leoni, Tel. 0376/32 64 65, Kategorie 2*

Broletto
Moderner Hotelbetrieb in nur scheinbar altem Gemäuer. Aber die Fassade versteckt den Neubau mitten im historischen Zentrum. *16 Zi., V. Accademia 1, Tel. 0376/32 67 84, Fax 22 12 97, Kategorie 3*

Camping Sparafucile

Auf dem Gelände der Jugendherberge, Sanitäranlagen und Selfservice der Jugendherberge. *April bis Okt., Tel. 0376/37 24 65*

Due Guerrieri

Für dieses etwas altmodische Hotel spricht die Toplage. *50 Zi., P. Sordello, Tel. 0376/32 55 96, Fax 32 96 45, Kategorie 2*

Jugendherberge Sparafucile

Historischer Turmbau, der in Verdis Rigoletto eine Rolle spielt. *April–Okt., 54 Betten, Anfahrt über die Straße Richtung Nogara und Legnago (Bus 2 und 9 ab P. Cavalotti), Strada Legnaghese, Tel. 0376/37 24 65 und 32 75 52, Übernachtung 20 000 bis 25 000 Lit*

La Rinascita

Pension in ruhigem Wohnviertel, dennoch nahe zum Zentrum. *11 Zi., V. Concezione 4, Tel. 0376/32 06 07, Kategorie 3*

San Lorenzo

★ ☘ Erstes Haus in Mantua, alte Möbel und Rokokodekor, beste Lage, schöner Blick von der Dachterrasse über die Dächerlandschaft. *41 Zi., P. Concordia 14, Tel. 0376/22 05 00, Fax 32 71 94, Kategorie 1*

AM ABEND

Antica Hostaria Leoncino Rosso

☦ Die Kneipe unter einem Torbogen zwischen Piazza delle Erbe und Piazza Broletto wird von jungen Leuten geführt, die zu Recht stolz sind auf ihre selbstgemachten Nudeln. Gute Weinauswahl, drinnen hängen farbentolle Bilder an den Wänden, draußen stehen marode Stühle.

AUSKUNFT

APT
P. Andrea Mantegna 6, Tel. 0376/ 32 82 53, Fax 36 32 92, Mo–Fr 9–12.30 und 14.30–18 Uhr

ZIELE IN DER UMGEBUNG

Crema (E 5)

Die Stadt (34 000 Ew.) auf halbem Weg zwischen Cremona und Mailand wuchs auf der Insel eines Sees, der inzwischen ausgetrocknet ist. Seit dem 12. Jh. systematisch entsumpft, entwickelte sie sich zur Land- und Industriestadt mit erhaltenem fünfeckigen Mauerring. Der romanisch-gotische *Dom* – mit dem berühmten Tafelbild der Heiligen Sebastian, Rochus und Christophorus (Meisterwerk von Vincenzo Civerchio) – stammt aus dem 13., das *Rathaus* und der *Torrazzo* genannte Turm aus dem 16., der *Palazzo Pretorio* aus dem 17. Jh. Kostbare Fresken und Bilder beherbergt die Wallfahrtskirche *Santa Maria della Croce* aus dem 15. Jh. Das *Museo Civico (Mo–Fr 14.30–18.30, Sa 9 bis 12, So 10–13 Uhr, kein Eintritt, V. Dante 49)* hat drei Abteilungen: Archäologie, Geschichte und Kunstgeschichte. Im ◉ *Circolo Enoteca (So und im Aug. geschl., P. Trento e Trieste 14)* Verkostung lombardischer Weine. Die kulinarische Tradition Cremas wird im einfachen, aber sehr empfehlenswerten ◉ ☦ Lokal *Cral Ferriera (Mo und zwei Wochen im Aug. geschl., V. Podgora 2, Tel. 0373/808 51, Kategorie 2–3)* gepflegt.

Cremona (F 6)

★ Nicht der Himmel über Cremona (83 000 Ew.) hängt voller Geigen, sondern das *Museo*

Stradivariano im Palazzo Affaitati (Di–Sa 9.30–12.30 und 15–18, So 9.30–12.30 Uhr, 4000 Lit, V. Palestro 17). Giacomo Antonio Stradivari machte den Geigenbau der Stadt in schöner Lage am Po ebenso legendär wie Guarneri und Amati zwischen dem 16. und 18. Jh.

Nach wechselnden Herrschaften fiel Cremona 1441 an die Sforza – friedlich, als Mitgift der Fürstentochter Bianca Maria aus dem Geschlecht der Visconti. Anläßlich dieser Hochzeit soll zum erstenmal der *torrone* gereicht worden sein, das Nougatnaschwerk mit Honig, gerösteten Mandeln und anderen Zutaten. Der Name der heute weltberühmten Süßigkeit, inzwischen Cremonas wichtigster Verkaufsartikel, soll vom *Torrazzo,* dem 111 m hohen Uhrturm aus dem 13. Jh., dem höchsten Campanile Italiens, abgeleitet sein.

Außer dem Süßen und der Musik besitzt Cremona einen von Löwen aus rotem Veroneser Marmor bewachten *Dom* mit romanischen Steinmetzarbeiten und *Paläste* im Stil der Spätgotik. Die Gemäldesammlung im *Museo Civico Ala Ponzone (Di–Sa 9.30 bis 12.30 und 15–18, So 9.30 bis 12.15 Uhr, 4500 Lit, V. Ugolani Dati 4)* versammelt hauptsächlich Cremoneser Meister. Die *Piazza del Comune* ist der belebte Mittelpunkt der Stadt, in der Fußgängerzone *Corso Matteotti* liegen die

Lichtdurchflutete Säle und filigrane Fresken: der Palazzo Ducale in Mantua

besten Geschäfte. Mehr als einen Blick wert ist der ganz mit Holz vertäfelte Feinkostladen *Negozio Sperlari (V. Solferino 25)*. Zu einem guten Preis-Leistungs-Verhältnis speist man im *Restaurant Ceresole (So-Abend, Mo und im Aug. geschl., V. Ceresole 4, Tel. 0372/309 90, Kategorie 1–2)*. In Domnähe kann man in der Osteria *La Sosta (Mo geschl., V. Sicardo 9, Tel. 0372/45 66 56, Kategorie 2)* ausgezeichnete lombardische Gerichte probieren, etwa gefüllte *gnocchi* oder ein *bollito misto*. Nächtigen kann man im *Continental (57 Zi., P. della Libertà 27, Tel. und Fax 0372/43 41 41, Kategorie 1–2)* oder, bescheidener und preiswerter, im *Impero (28 Zi., P. della Pace 23, Tel. 0372/207 16, Kategorie 3)*. Auskunft: *APT, P. del Comune 5, Tel. 0372/232 33, Fax 217 22*

Pomponesco (O)

Das Städtchen 40 km südwestlich von Mantua an der Grenze zur Emilia-Romagna, unter den Gonzaga ein blühendes Gemeinwesen, ist von abstoßenden Neubauten umzingelt. Deshalb beeindruckt der um die *Piazza 4 Martiri* erhaltene historische Kern besonders. Das Haus Nr. 4, ein Palazzo aus dem 16. Jh., ist das ❤ *Leone (8 Zi., Hotel Jan., Restaurant So-Abend und Mo geschl., Tel. 0375/860 77, Fax 867 70, Kategorie 2, Hotel Kategorie 3)*. Der »Löwe« ist wegen des erlesenen Essens und der guten Weine in ganz Italien bekannt.

Sabbioneta (O)

Vespasiano Gonzaga wollte 1554 die ideale Renaissancestadt bauen. Mit Stadtmauern, Wohngebieten und Stadtzentrum entstand Sabbioneta (35 km südwestlich) in wenigen Jahren. Statt zur Residenz reichte es aber nur zur Landwirtschaftssiedlung. Die typische *Renaissanceanlage* ist noch gut zu erkennen, *Mauer* und *Wassergraben* sind komplett erhalten, und das *Teatro Olimpico* ist umfassend restauriert worden. Gut speisen läßt es sich außerhalb im Ortsteil Vigoreto im *Parco Cappuccini (Mo und im Juli geschl., V. Santuario 30, Tel. 0375/55 20 05, Kategorie 2)*, einem Palazzo aus dem 18. Jh. voller Antiquitäten und in einer Parklandschaft gelegen. Zu empfehlen ist beispielsweise der *riso con salsiccia*, Reis mit scharf gewürzter Wurst.

San Benedetto Po (H 6)

Die Fahrt in den im 10. Jh. mit einer Benediktinerabtei gegründeten Ort (8000 Ew.) von Mantua aus ist ein großes Erlebnis: Sie führt 20 km durch die epische Flußlandschaft des Po, der in einer großen Schleife wunderschön dahinzieht. Die erst romanische, dann in den Formen der Spätgotik umgebaute Kirche *S. Benedetto* wurde ab 1503 pompös im Stil der Renaissance umgestaltet. Die monumentale, reich verzierte Fassade schuf Giulio Romano, eines der größten Talente jener Epoche. Der Innenraum ist gesäumt von 32 Terrakottastatuen. Dort befindet sich auch das *Museo della Cultura Popolare Padana Polironiano (März bis Mai Di–So 9.30–12 und 14 bis 17.30, Juni–Okt. 9.30–12 und 15.30 bis 19 Uhr, 6000 Lit, P. T. Folengo 2)*, das die volkskundliche Entwicklung der Po-Ebene dokumentiert und kolorierte Manuskripte und Partituren aufbewahrt, durch die das Kloster seit einem halben Jahrtausend berühmt ist.

Von Auskunft bis Zoll

Hier finden Sie kurzgefaßt die wichtigsten Adressen und Informationen für Ihre Lombardei-Reise

AUSKUNFT

Staatliches Italienisches Fremdenverkehrsamt Enit

Berliner Allee 26, 40212 Düsseldorf,
Tel. 0211/13 22 31
Kaiserstr. 65, 60329 Frankfurt,
Tel. 069/23 74 30
Goethestr. 20, 80336 München,
Tel. 089/53 03 69
Kärntnerring 4, 1010 Wien,
Tel. 0222/50 54 37 40
Uraniastr. 32, 8001 Zürich,
Tel. 01/211 36 33

AUSWEIS

Mit einem gültigen Paß oder Personalausweis können sich Deutsche, Österreicher und Schweizer bis zu drei Monate in Italien aufhalten. Kinder bis zu 16 Jahren benötigen entweder einen Kinderausweis oder die Eintragung im Paß der Eltern.

AUTO

Vorgeschrieben sind Führerschein, Fahrzeugschein, Nationalitätenaufkleber. Empfohlen werden die grüne Versicherungskarte und eventuell ein Auslandsschutzbrief. Die Gurt- und Sturzhelmpflicht wird immer stärker geprüft. Trampen auf Autobahnen ist streng verboten.

Geschwindigkeit

In Ortschaften ist die Höchstgeschwindigkeit 50 km/h, außerorts 90 km/h, auf *autostrade* 130 km/h, auf *superstrade* (Schnellstraßen) 110 km/h. Fahrzeuge mit Bootsanhänger oder Wohnwagen dürfen bis zu 80 km/h auf Autobahnen und bis zu 70 km/h auf Schnellstraßen fahren.

Mautgebühren

Lombardische *autostrade* sind gebührenpflichtig, *superstrade* nicht. Wer beim ADAC, an Schaltern des ACI (italienischer Automobilclub) an der Grenze und an manchen Raststätten eine Viacard zu 50 000, 100 000 oder 150 000 Lit erwirbt, kann damit bargeldlos die Mautstellen passieren und vermeidet Wartezeiten. Österreich verlangt über den Brenner eine Maut: 130 öS (ca. 19 Mark), die Autobahnvignette in der Schweiz kostet rund 50 Mark.

Tanken

Inzwischen gibt es bleifreies Benzin *(senza piombo)* an fast allen

Tankstellen. Wegen der sonst zu niedrigen Oktanzahl ist es ratsam, stets Super zu tanken. Die Benzinpreise sind relativ hoch. Die Tankstellen sind *wochentags überwiegend 7.30–12.30 und 15–19 Uhr geöffnet, sonntags nur vereinzelt, an autostrade durchgehend.*

BABY

Ein gut funktionierender Babysitter-Service in Mailand: *V. Vittadini 3, Tel. 02/54 54 54.* Die Bezahlung ist (vorherige) Verhandlungssache, mindestens 30 000 Lit.

BANKEN

Geldwechsel
Die Banken sind in größeren Ortschaften meistens *Mo–Fr 8.20 bis 13.20 und 14.45–15.45 Uhr* geöffnet, in kleineren Ortschaften üblicherweise nur vormittags. Eurocheques können bis zu einer Summe von 300 000 Lit pro Scheck eingelöst werden. Die gleiche Summe erhält man auch aus mit dem EC-Logo gekennzeichneten Bancomaten. Es lohnt sich, in Italien zu tauschen, der Kurs ist günstiger.

Kreditkarten
In besseren Restaurants, Hotels, Geschäften und bei Autovermietungen werden sie als Zahlungsmittel akzeptiert.

DIPLOMATISCHE VERTRETUNGEN

Deutsches Konsulat
Mailand, V. Solferino 40, Tel. 02/ 655 44 34

Österreichisches Konsulat
Mailand, V. Tranquillo Cremona 27, Tel. 02/481 20 66

Schweizer Konsulat
Mailand, V. Palestro 2, Tel. 02/ 76 00 92 84

MIETWAGEN

Die großen Autoverleihfirmen haben Vertretungen in allen größeren Orten in Bahnhofs- und Flughafennähe. Avis *Tel. 02/ 71 72 14,* Europcar *02/73 82 72,* Hertz *02/738 45 80*

NOTRUF

Pronto soccorso von jedem öffentlichen Fernsprecher: Carabinieri *112;* Vigili del fuoco (Feuerwehr) *115;* Notarzt, Polizei, Rettungswagen *113;* Pannenhilfe *116;* Ambulanz *(ambulanza) Tel. 77 33;* Rotes Kreuz *(croce rossa) 38 83;* Zahnarzt *(dentista) 670 65 81*

ÖFFNUNGSZEITEN

Lebensmittelgeschäfte sind werktags meist *8.30–13 und 17 bis 19.30 Uhr* geöffnet. Alle anderen Läden, Boutiquen, Supermärkte und Warenhäuser öffnen üblicherweise *8.30/9–12.30 und 15.30 bis 19.30 Uhr.* In Mailand sind Mo vormittags alle Geschäfte, außer Lebensmittelläden, geschlossen, in lombardischen Ortschaften an einem Nachmittag in der Woche.

POST/TELEFON

Ufficio Postale (Post) und *Telecom* (Telefonamt) sind zweierlei Institutionen. Die meisten Postämter haben *Mo–Fr 8.15–13.45 und Sa 8.15–11.45 Uhr* geöffnet. Briefmarken erhält man auch in *Tabacchi*-Läden, die mit T ausgeschildert sind. Von allen öffentlichen Telefonapparaten kann man auch ins Ausland telefonieren. Dazu werden *gettoni* (Telefonmünzen zu 200 Lit), 100-, 200- und 500-Lire-Münzen oder Magnetkarten zu 5000 oder 10 000 Lit benötigt.

SPORT

Angeln
Für Flüsse und Seen beim zuständigen Fremdenverkehrsamt eine Erlaubnis erbitten.

Reiten
In der Lombardei weit verbreitet. Fremdenverkehrsämter geben Auskunft über Reitställe und Pferdevermietungen. Eine Stunde kostet meistens 30 000 Lit.

Skifahren
Im gesamten Alpengebiet, teilweise auch im Sommer.

Tennis
In allen großen Ortschaften kann gespielt werden, viele Hotels haben eigene Plätze.

Wandern und Bergsteigen
Die Wanderwege im Bereich der lombardischen Alpen sind überwiegend gut ausgeschildert. Informationen über Hochgebirgstouren erteilt der *Club Alpino Italiano (CAI), V. Ugo Foscolo 3, 20100 Milano, Tel. 02/26 14 13 78.*

Wassersport
An fast allen Seen können Segel- und Motorboote sowie Surfbretter gemietet werden.

STROMSPANNUNG

220 Volt, aber in den meisten Häusern passen nur Flachstecker. Ein Adapter ist von Nutzen.

TIERE

Italiener mögen die Lieblinge des Menschen, doch sie müssen mindestens 30 Tage vor Grenzübertritt gegen Tollwut geimpft sein, und das muß mittels eines Impfpasses belegbar sein. Tierärztliche Nothilfe in Mailand: *Ambulanza Veterinaria, Tel. 02/545 13 98*

TRINKGELD

Nicht zu knauserig sein! Kellner bekommen rund zehn Prozent (einfach auf dem Wechselgeldteller liegenlassen), Zimmermädchen und Kofferträger erhalten ebenfalls eine angemessene finanzielle Zuwendung.

UNTERKUNFT

Agriturismo
Der Urlaub auf dem Bauernhof ist in der Lombardei stark im Kommen. Viele Hofbesitzer bieten auch Stellplätze für Campingmobile und Zelte an. Adressenverzeichnisse: *Agriturist, Corso Vittorio Emanuele 101, 00186 Roma, Tel. 06/685 21*

Camping
Wildes Campen ist in der Lombardei verboten und kann gefährlich sein. Es gibt ausreichend offizielle Campingplätze; die Enit-Büros vergeben die *carta d'Italia parchi campeggio,* auf der die meisten Plätze vermerkt sind. Auskunft erteilt auch der ADAC.

Hotels
Die Preise haben in den vergangenen Jahren stark angezogen, halten sich aber in letzter Zeit auf etwa gleichbleibendem Niveau. Die an der Innenseite der Zim-

mertür angegebenen Preise sind verbindlich. Das Preis-Leistungs-Verhältnis kann nicht immer befriedigen. Bei Beschwerden wende man sich an die Fremdenverkehrsämter.

Jugendherbergen

Das bisher recht schmale Angebot verbreitet sich allmählich. Auskunft über den aktuellen Stand erteilen die Enit-Büros und die lokalen Fremdenverkehrsämter.

ZEITUNGEN

Alle führenden deutschsprachigen Zeitungen und Magazine

sind in Mailand und den größeren lombardischen Ortschaften, erfreulich oft sogar in kleinen Orten erhältlich.

ZOLL

Zwar gibt es innerhalb der EU für Privatreisende keine Zollgrenzen mehr, dennoch muß in der Schweiz mit Zollkontrollen gerechnet werden. Der Tourist sollte Waren wirklich nur »für den persönlichen Verbrauch« mit sich führen. Bei größeren Mengen Wein (innerhalb der EU sind 90 l frei) sollte die Ware an der Schweizer Grenze deklariert werden.

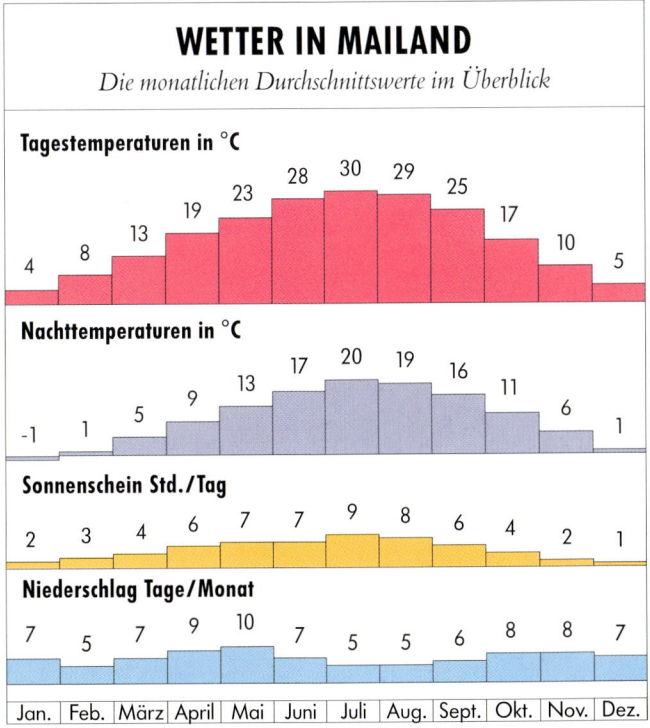

WETTER IN MAILAND
Die monatlichen Durchschnittswerte im Überblick

	Jan.	Feb.	März	April	Mai	Juni	Juli	Aug.	Sept.	Okt.	Nov.	Dez.
Tagestemperaturen in °C	4	8	13	19	23	28	30	29	25	17	10	5
Nachttemperaturen in °C	-1	1	5	9	13	17	20	19	16	11	6	1
Sonnenschein Std./Tag	2	3	4	6	7	7	9	8	6	4	2	1
Niederschlag Tage/Monat	7	5	7	9	10	7	5	5	6	8	8	7

Bloß nicht!

Worauf man achten sollte,
um sich nicht zu ärgern oder zu blamieren

Mit Camper oder Wohnmobil von Lugano nach Porlezza

Die Straße ist hier extrem eng, die Tunnel sind schmal und schlecht oder gar nicht beleuchtet. Da muß man schon im Pkw scharf aufpassen, anstatt das Panorama des Luganer Sees zu genießen. An vielen Stellen passen zwei breitere Gefährte nicht aneinander vorbei.

Mit dem Fahrrad durch Mailand

Die lombardische Hauptstadt besitzt 23 km Fahrradwege. Doch sie sind fast durchweg von parkenden Autos und mit Müllsäcken vollgestellt. Wer sich trotzdem auf Pedalen in den allmächtigen Autoverkehr wagt – es gibt mehrere Fahrradverleihstationen –, ist zumindest ein Abenteurer, wahrscheinlich aber ein Hasardeur.

Tangenziale nach Mailand

Heute ist bereits der vierte Stadtring um Mailand, die Autobahn – in den fünfziger Jahren auf stadtfernen Feldern angelegt –, siedlungsmäßig übersprungen. Die Zufahrtsstraßen sind endlos – und eine endlose Qual wegen ständiger Baustellen, hoffnungsloser Verkehrsüberlastung und miserabler Beschilderung.

»Panettoni« unterschätzen

Zu Tausenden liegen die Betonblöcke an Mailänder Straßenrändern, je 50 cm hoch und breit und tückisch, weil man sie beim Einparken aus dem Innern des Autos nicht ausmachen kann. Der Volksmund sagt *panettoni* zu ihnen, kugelige Topfkuchen, die es zur Weihnachtszeit gibt. Diese sind aber überaus hart und können Reifen und Karosserie beschädigen.

Rennradfahrer nicht respektieren

In den warmen Monaten sind sie in bunten Rudeln auf allen Fernverkehrsstraßen unterwegs. Als rennfahrerliebende Nation akzeptieren die Italiener die von den mächtig stolzen, schweißüberströmten Tretern verursachten Stockungen des Verkehrs, verzichten aufs Hupen und machen einen großen Bogen um sie. Das ist unbedingt nachahmenswert.

Gutgläubig sein

Mailands Via Fiori Chiari ist eine schöne Fußgängerzone. Dort sitzen hinter kleinen Tischen bizarr gekleidete Figuren, die Handlinien deuten, Karten legen, pendeln oder kryptisch murmeln, um danach die Hand aufzuhalten. Ihre Aussagen sind von mehr als zweifelhaftem Wert.

REGISTER

In diesem Register sind alle in diesem Führer erwähnten Orte und Ausflugs-
ziele sowie alle Sehenswürdigkeiten und Museen in Mailand verzeichnet.
Halbfette Seitenzahlen verweisen auf den Haupteintrag, kursive auf ein Foto.

Was bekomme ich für mein Geld?

Das Preisniveau in der Lombardei, vor allem in Mailand, ist hoch, aber die Lira ist schwach – davon profitiert der Reisende. Der Cappuccino an der Theke kostet um 1 700 Lit, wer ihn aber am Tischchen sitzend trinkt, bekommt vom Kellner mit dem heißen Getränk einen Kassenbon, auf dem mitunter das Vierfache des nationalen Standardpreises steht, in Mailands Galleria Vittorio Emanuele gar das Fünffache. Die Taxifahrt vom Mailänder Flughafen Linate zum Domplatz kostet etwa 30 000 Lit, wer mit dem Bus (4 500 Lit) bis zur Stazione Centrale und mit der U-Bahn (1 300 Lit) weiterfährt, fährt entschieden besser. Für die Eisenbahnkarte bezahlt man ein Drittel weniger als in Nordeuropa. Wer dagegen mit dem Auto fährt, muß mehr ausgeben: hohe Benzinkosten (um 1 800 Lit für einen Liter Super) und Mautgebühren auf der Autobahn (ca. 1 000 Lit für 10 km). Alle Dienstleistungen sind teuer. Wer in einer Pizzeria oder Rosticceria ißt, spart oft mehr als die Hälfte dessen, was ein Menü im Restaurant kostet (so gut wie nie unter 25 000 Lit). Für sechs Minuten Ortsgespräch werden 200 Lit benötigt, für Karten und Briefe 750 Lit. Die Kinokarte kostet mindestens 10 000, Konzert- und Theaterkarten ab 30 000 Lit, ebenso der Eintritt in Diskotheken.

DM	Lit	Lit	DM
1	990	100	0,10
2	1.979	500	0,51
3	2.969	1.000	1,01
4	3.959	1.500	1,52
5	4.949	2.000	2,02
10	9.897	5.000	5,05
20	19.794	7.500	7,58
25	24.743	10.000	10,10
40	39.588	20.000	20,21
50	49.485	25.000	25,26
60	59.382	30.000	30,31
70	69.279	40.000	40,42
80	79.176	50.000	50,52
90	89.073	60.000	60,62
100	98.970	70.000	70,73
200	197.940	80.000	80,83
300	296.910	90.000	90,94
500	494.850	100.000	101,04
750	742.275	500.000	505,20
1.000	989.700	1.000.000	1.010,40

Bei Scheckzahlung/Automatenabhebung am Urlaubsort berechnet die Heimatbank die obenstehenden Kurse. Stand: Oktober 1996

Sprechen und Verstehen ganz einfach

Zur Erleichterung der Aussprache:

c, cc	vor »e, i« wie deutsches »tsch« in deutsch, Bsp.: die**c**i, sonst wie »k«
ch, cch	wie deutsches »k«, Bsp.: pa**cch**i, **ch**e
ci, ce	wie deutsches »tsch«, Bsp.: **ci**ao, **ci**occolata
g, gg	vor »e, i« wie deutsches »dsch« in Dschungel, Bsp.: **g**ente
gl	ungefähr wie in »Familie«, Bsp.: fi**gl**io
gn	wie in »Kognak«, Bsp.: ba**gn**o
sc	vor »e, i« wie deutsches »sch«, Bsp.: u**sc**ita
sch	wie in »Skala«, Bsp.: I**sch**ia
sci	vor »a, o, u« wie deutsches »sch«, Bsp.: la**sci**are
z	immer stimmhaft wie »ds«

Die Betonung liegt bei den meisten mehrsilbigen Wörtern auf der vorletzten Silbe: ristorante, venire. Abweichungen werden in diesem Sprachführer durch einen Punkt unter dem betonten Vokal angegeben.

AUF EINEN BLICK

Ja./Nein.	Sì./No.
Vielleicht.	Forse.
Bitte./Danke.	Per favore./Grazie.
Vielen Dank!	Tante grazie.
Gern geschehen.	Non c'è di che!
Entschuldigen Sie!	Scusi!
Wie bitte?	Come dice?
Ich verstehe Sie/dich nicht.	Non La/ti capisco.
Ich spreche nur wenig …	Parlo solo un po' di …
Können Sie mir bitte helfen?	Mi può aiutare, per favore?
Ich möchte …	Vorrei …
Das gefällt mir (nicht).	(Non) mi piace.
Haben Sie …?	Ha …?
Wieviel kostet es?	Quanto costa?
Wieviel Uhr ist es?	Che ore sono?/Che ora è?

KENNENLERNEN

Guten Morgen!/Tag!	Buon giorno!
Guten Abend!	Buona sera!
Gute Nacht!	Buona notte!
Hallo!/Grüß dich!	Ciao!
Wie geht es Ihnen/dir?	Come sta?/Come stai?
Danke. Und Ihnen/dir?	Bene, grazie. E Lei/tu?
Auf Wiedersehen!	Arrivederci!
Tschüs!	Ciao!
Bis bald!	A presto!
Bis morgen!	A domani!

Auskunft

links/rechts	a sinistra/a destra
geradeaus	diritto
nah/weit	vicino/lontano
Wie weit ist das?	Quanti chilometri sono?
Ich möchte … mieten.	Vorrei noleggiare …
… ein Auto	… una macchina.
… ein Fahrrad	… una bicicletta.
… ein Boot	… una barca.
Bitte, wo ist …?	Scusi, dov'è …?
der Hauptbahnhof	la stazione centrale
die U-Bahn	la metro(politana)
der Flughafen	l'aeroporto
Zum … Hotel.	All'albergo …

Panne

Ich habe eine Panne.	Ho un guasto.
Würden Sie mir einen Abschleppwagen schicken?	Mi potrebbe mandare un carro-attrezzi?
Gibt es hier in der Nähe eine Werkstatt?	Scusi, c'è un'officina qui vicino?
Würden Sie mir mit Benzin aushelfen?	Mi potrebbe dare un po' di benzina, per favore?

Tankstelle

Wo ist bitte die nächste Tankstelle?	Dov'è la prossima stazione di servizio, per favore?
Ich möchte … Liter …	Vorrei … litri di …
… Normalbenzin.	… benzina normale.
… Super./… Diesel.	… super./… gasolio.
… bleifrei/… verbleit.	… senza piombo (verde)/ … con piombo.
…mit … Oktan.	… a … ottani.
Volltanken, bitte.	Il pieno, per favore.

Unfall

Hilfe!	Aiuto!
Achtung!/Vorsicht!	Attenzione!
Rufen Sie bitte schnell …	Chiami subito …
… einen Krankenwagen.	… un'autoambulanza.
… die Polizei.	… la polizia.
… die Feuerwehr.	… i vigili del fuoco.
Haben Sie Verbandszeug?	Ha materiale di pronto soccorso?
Es war meine Schuld.	È stata colpa mia.
Es war Ihre Schuld.	È stata colpa Sua.
Geben Sie mir bitte Ihren Namen und Ihre Anschrift!	Mi dia il Suo nome e indirizzo, per favore!

SPRACHFÜHRER ITALIENISCH

ESSEN/UNTERHALTUNG

Wo gibt es hier …
… ein gutes Restaurant?
… ein typisches Restaurant?
Gibt es in der Nähe
eine Eisdiele?
Reservieren Sie uns bitte
für heute abend einen
Tisch für 4 Personen.
Auf Ihr Wohl!
Bezahlen, bitte.
Hat es geschmeckt?
Das Essen war ausge-
zeichnet.
Haben Sie einen
Veranstaltungskalender?

Scusi, mi potrebbe indicare …
… un buon ristorante?
… un locale tipico?
C'è una gelateria qui
vicino?
Può riservarci
per stasera un
tavolo per quattro persone?
Alla Sua salute!
Il conto, per favore.
Andava bene?
Il mangiare era eccellente.

Ha un
programma delle manifestazioni?

EINKAUFEN

Wo finde ich …?
eine Apotheke
eine Bäckerei
ein Fotogeschäft
ein Kaufhaus
ein Lebensmittelgeschäft
den Markt
den Supermarkt
den Tabakladen
den Zeitungshändler

Dov'è si può trovare …?
una farmacia
un panificio
un negozio di articoli fotografici
un grande magazzino
un negozio di generi alimentari
il mercato
il supermercato
un tabaccaio
un giornalaio

ÜBERNACHTUNG

Können Sie mir bitte …
empfehlen?
… ein Hotel
… eine Pension
Ich habe bei Ihnen ein
Zimmer reserviert.
Haben Sie noch …?
… ein Einzelzimmer
… ein Zweibettzimmer
… mit Dusche/Bad
… für eine Nacht
… für eine Woche
… mit Blick aufs Meer
Was kostet das Zimmer …
… mit Frühstück?
… mit Halbpension?

Scusi, potrebbe
consigliarmi …
… un albergo?
… una pensione?
Ho prenotato
una camera.
È libera …?
… una singola
… una doppia
… con doccia/bagno
… per una notte
… per una settimana
… con vista sul mare
Quanto costa la camera …
… con la prima colazione?
… a mezza pensione?

Arzt

Können Sie mir einen guten Arzt empfehlen?	Mi può consigliare un buon medico?
Ich habe Durchfall	Soffro di diarrea.
Ich habe …	Ho …
… Fieber.	… la febbre.
… Kopfschmerzen.	… mal di testa.
… Zahnschmerzen.	… mal di denti.

Bank

Wo ist bitte …	Scusi, dove posso trovare …
… eine Bank?	… una banca?
… eine Wechselstube?	… un'agenzia di cambio?
Ich möchte diese … DM (Schilling, Schweizer Franken) in Lire wechseln.	Vorrei cambiare questi marchi (scellini, franchi svizzeri) in Lire.

Post

Was kostet …	Quanto costa …
… ein Brief …	… una lettera …
… eine Postkarte …	… una cartolina …
nach Deutschland?	per la Germania?

Zahlen

0	zero	19	diciannove
1	uno	20	venti
2	due	21	ventuno
3	tre	30	trenta
4	quattro	40	quaranta
5	cinque	50	cinquanta
6	sei	60	sessanta
7	sette	70	settanta
8	otto	80	ottanta
9	nove	90	novanta
10	dieci	100	cento
11	undici	101	centouno
12	dodici	200	duecento
13	tredici	1000	mille
14	quattordici	2000	duemila
15	quindici	10000	diecimila
16	sedici		
17	diciassette	1/2	un mezzo
18	diciotto	1/4	un quarto

Carte
Speisekarte

PRIMA COLAZIONE	FRÜHSTÜCK
caffè, espresso	kleiner, starker Kaffee ohne Milch
caffè macchiato	kleiner, starker Kaffee mit wenig Milch
caffellatte	Kaffee mit Milch
caffè decaffeinizzato	koffeinfreier Kaffee
cappuccino	Kaffee mit aufgeschäumter Milch
tè al latte/al limone	Tee mit Milch/Zitrone
tè alla menta/alla frutta	Pfefferminz-/Früchtetee
tisana	Kräutertee
cioccolata	Schokolade
spremuta	frisch gepreßter Fruchtsaft
succo di frutta	Fruchtsaft
frittata	Omelett/Pfannkuchen
uovo alla coque	weiches Ei
uova al tegame	Spiegeleier
uova sode	harte Eier
uova strapazzate	Rühreier
pane/panino/pane tostato	Brot/Brötchen/Toast
cornetto	Hörnchen
burro	Butter
formaggio	Käse
salame	Wurst
prosciutto	Schinken
miele	Honig
marmellata	Marmelade
iogurt	Joghurt
della frutta	etwas Obst

ANTIPASTI/MINESTRE	VORSPEISEN/SUPPEN
acciughe	Sardellen
affettato misto	gemischter Aufschnitt
anguilla affumicata	Räucheraal
carciofini sott'olio	Artischockenherzen in Öl
funghi sott'olio	Pilze in Öl
melone e prosciutto	Melone mit Schinken
minestrone	dicke Gemüsesuppe
pastina in brodo	Fleischbrühe mit feinen Nudeln
vitello tonnato	kalter Kalbsbraten mit Thunfischcreme
zuppa di pesce	Fischsuppe

PRIMI PIATTI

pasta — Nudeln
… al burro/in bianco — … mit Butter
… alla napoletana/al pomodoro — … mit Tomatensoße (ohne Fleisch)
… alla bolognese/al ragù — … mit Tomatensoße (mit Fleisch)
… alle vongole — … mit kleinen Muscheln
… alla carbonara — … mit Ei und Speck
… alla panna — … mit Sahne
… aglio e olio — … mit Knoblauch und Öl
… alla puttanesca — … mit Tomatensoße, Oliven und sehr scharfen Gewürzen

fettuccine/tagliatelle — Bandnudeln
gnocchi — kleine Kartoffelklößchen
polenta (alla valdostana) — Maisbrei (mit Schmelzkäse)
agnolotti/ravioli/tortellini — gefüllte Teigtaschen
vermicelli — Fadennudeln
risotto alla milanese — Reisgericht mit Safran

NUDEL- UND REISGERICHTE

CARNI E PESCE

agnello — Lamm
ai ferri/alla griglia — vom Grill
anitra — Ente
aragosta — Languste
brasato — Braten
coda di rospo — Seeteufel
coniglio — Kaninchen
cozze/vongole — Miesmuscheln/ kleine Muscheln
fegato — Leber
fritto di pesce — gebackene Fischchen
gambero, granchio — Krebs, Krabbe
maiale — Schweinefleisch
manzo/bue — Rind-/Ochsenfleisch
ossobuco — Kalbshaxenscheibe mit Soße
pesce spada — Schwertfisch
platessa — Scholle
pollo — Huhn
rognoni — Nieren
salmone — Lachs
scampi fritti — gebackene kleine (See-)Krebse
sogliola — Seezunge
spezzatino — Geschnetzeltes/Gulasch
tonno — Thunfisch
trota — Forelle
vitello — Kalbfleisch

FLEISCH UND FISCH

VERDURA E INSALATE | GEMÜSE UND SALATE

asparagi	Spargel
carciofi	Artischocken
carote	Möhren, Karotten
cavolfiore	Blumenkohl
cavolo	Kohl
cicoria belga	Chicorée
cipolle	Zwiebeln
fagioli	weiße Bohnen
fagiolini	grüne Bohnen
finocchi	Fenchel
funghi	Pilze
insalata mista	gemischter Salat
insalata verde	grüner Salat
lenticchie	Linsen
melanzane	Auberginen
patate	Kartoffeln
patatine fritte	Pommes frites
peperoni	Paprika
piselli	Erbsen
pomodori	Tomaten
sedano	Sellerie
spinaci	Spinat
zucca	Kürbis

FORMAGGI | KÄSE

parmigiano	Parmesankäse
pecorino	Schafskäse
ricotta	quarkähnlicher Frischkäse

DOLCI E FRUTTA | NACHSPEISEN UND OBST

albicocca	Aprikose
anguria/cocomero	Wassermelone
arancia	Orange
cassata	Eisschnitte mit kandierten Früchten
ciliegie	Kirschen
coppa assortita	gemischter Eisbecher
coppa con panna	Eisbecher mit Sahne
fichi	Feigen
fragole	Erdbeeren
gelato	Eis
lamponi	Himbeeren
macedonia	Obstsalat
mela	Apfel
melone/popone	Honigmelone

nocciola	Haselnuß(-Eis)
pera	Birne
pesca	Pfirsich
prugna/susina	Pflaume
tirami su	Löffelbiskuit mit Kaffee und Mascarpone-Creme
uva	Trauben
vaniglia	Vanilleeis
zabaione	Eierschaumcreme
zuppa inglese	Biskuit mit Vanillecreme

Lista delle bevande
Getränkekarte

BEVANDE	GETRÄNKE
acqua minerale	Mineralwasser
amabile	lieblich
amaro	Magenbitter
aranciata	Orangeade
bibita	Erfrischungsgetränk
bicchiere	Glas
birra scura/chiara	dunkles/helles Bier
birra alla spina	Bier vom Faß
birra senza alcool	alkoholfreies Bier
bottiglia	Flasche
con ghiaccio	mit Eis
digestivo	Digestiv
frappé/frullato	Milchmixgetränk (oft mit Eis)
gassata/con gas	mit Kohlensäure
grappa	Tresterschnaps
limonata	Limonade
liquore	Likör
liscia/senza gas	pur/ohne Kohlensäure
secco	trocken
spremuta di arancia	frisch gepreßter Orangensaft
spumante	Sekt
succo di frutta/di mele	Frucht-/Apfelsaft
succo di pomodoro	Tomatensaft
vino bianco/rosato/rosso	Weiß-/Rosé-/Rotwein
vino della casa	Hauswein
vino frizzante	Perlwein, moussierender Wein
vino sfuso/aperto	offener Wein